Mélange

... starker, heißer Kaffee

... heiße, geschlagene Milch

...uß Cognac oder Brandy

...lb mit Zucker in einer Tasse

...ischen, Kaffee und Milch unter

...chlagen einrühren. Mit Cognac

...aromatisieren und genießen wie einst

seine Hoheit Kaiser Franz Joseph.

Café liègeois

1/8 l gut gekühlter Mokka

1 Likörglas Mokkalikör

2 EL Schlagsahne, steifgeschlagen

1 Kugel Vanilleeis

etwas Kakaopulver

Eis in einen Kelchbecher geben, mit
Kaffee begießen. Aus Schlagsahne
eine Haube draufsetzen, vorsichtig
den Mokkalikör drübergießen und mit
Kakaopulver bestäuben.

Kaiser-Mélange

1 Eigelb

2 KL Zucker

1,2 cl starker, heißer Ka...

8 cl heiße, geschlagen...

1 Schuß Cognac ode...

Eigelb mit Zucker in...

mischen, Kaffee und...

Schlagen einrühre...

aromatisieren un...

seine Hoheit Ka...

Irish Coffee

3 cl Whisky

2 TL brauner oder weißer Zucker

1,2 dl heißer Kaffee

4 cl Rahm, leicht geschlagen

In vorgewärmte Gläser Whisky und
Zucker einfüllen, umrühren, bis sich
der Zucker auflöst, und mit Kaffee
auffüllen. Löffelweise den kalten Rahm
draufsetzen.

Capricciosa

2 Eiswürfel

1 cl Sanddornsirup

2 cl Rum

3 cl Grand Marnier

wenig Zitronensaft

5 ...rker, kalter Kaffee

...littern und alle Zutaten kurz schütteln

...n Rahm- ... servieren.

We...
häubchen

Irish Coffee

3 cl Whisky

2 TL braun...

1,2 dl hei...

4 cl Rahm...

In vorge...

Zucker...

der Z...

auffü...

dra...

Pharisäer

5 cl brauner Rum

2–3 KL Zucker

1,2 dl heißer Kaffee

3 cl Schlagrahm

Rum in einem Pfännchen wärmen und
mit Zucker in ein vorgewärmtes Glas
geben. Umrühren, mit Kaffee auffüllen
und mit Schlagrahm zudecken.

Café Kentucky

20 g Zucker

10 g Rahm flüssig

40 g Bourbon

50 g Kaffee, leicht abgekühlt

im Shaker schütteln, Kragen aus
halbgeschlagenem Rahm aufsetzen,
mit kandierten Birnenschnitzen garnie-
ren, in die Mitte eine Cocktailkirsche
setzen.

Coffee-Cola

2 Eiswürfel

1 dl kalter Kaffee

1 dl Coca-Cola

3 cl Orangensirup oder

3 cl Grand Marnier

... in ein höhes Glas geben.

...l Marnier darüber-

...Cola

Mazagran

1/8 l starker, eiskalter Kaffee

1 EL Maraschino

1 Likörglas Rum

... Würfelzucker

CAFÉ
BAR
BISTRO

CAFÉ BAR BISTRO

DESIGN UND GASTLICHKEIT

INGRID WENZ-GAHLER

VERLAGSANSTALT
ALEXANDER KOCH

Englische Übersetzung von:
Darlene Waldschmidt-Sematat, B.A., Frankfurt/M.

Schutzumschlag:
Café Diplo, Athen, Griechenland
Arch.: O. Vingopoulos, N. Georgiadis, A. Damala,
Athen
Foto: O. Vingopoulos, N. Georgiadis, A. Damala,
Athen

ISBN 3-87422-616-6

Satz: Eisele & Kretschmer GmbH, Stuttgart
Druck: Karl Weinbrenner & Söhne,
Leinfelden-Echterdingen
Bindearbeiten: Ernst Riethmüller, Stuttgart

Bestellnummer: 616

Inhalt/Contents

Inhalt/Contents

Was ich Ihnen in diesem Buch zeigen möchte, ist die Welt der Cafés und Bistros. Es geht nicht um berühmte alte Cafés, auch nicht um das französische oder Wiener Café. Auch um gastronomisch-wirtschaftliche Erfolgskonzepte geht es nicht — jedenfalls nicht auf den ersten Blick. Was ich Ihnen vor allem zeigen möchte, sind Cafés und Bistros, die alle in den letzten Jahren entstanden sind, modern, in Architektur und Design interessant. In 80 Beispielen aus insgesamt 14 Ländern spielt zunächst das Ambiente die Hauptrolle. Und das ist so spannungsvoll, daß es auch mich überrascht hat. Viele Beispiele sind von einer klassischen Eleganz, die auch noch in Jahren gefallen wird. Andere setzen sich sensibel und künstlerisch mit dem historischen Umfeld auseinander. Spiel und Spaß sind nicht nur als Unterhaltungsangebot, sondern als Designidee zu finden. Und natürlich gibt es viele Beispiele, in denen Scheinwelten wahrhaft inszeniert werden, um dem Anspruch des Cafés gerecht zu werden, Entspannung vom Alltag zu bieten. Am theatralischsten werden die Cafés, wenn sie zur Nachtbar werden. Hier vermischen sich dann Science-Fiction, Pop und Filmelemente miteinander — meisterhaft unter Beweis gestellt durch die Spanier.

Selbst von der gastronomischen Seite her ist dieser Streifzug lohnenswert. Eiscafés und Konditoreicafés haben ihr Angebot, Publikum und Aussehen gewandelt. Immer mehr Läden — und nicht nur Kaufhäuser, Metzgereien oder Bäckereien — bieten Café- oder Bistrobereiche an. Handelsgastronomie breitet sich aus. Und die Bistros mit all ihren Namensvettern? Sie liegen im Anspruch irgendwo zwischen dem Café als kulturellem und dem Restaurant als gastronomischem Treffpunkt. Und sie decken genau die Bedürfnisse der Stadtmenschen: schnell ein kleines Essen zu bekommen zu möglichst allen Tageszeiten, in optimaler Qualität, zu einem guten Preis. Fast Food im gehobenen Niveau, das sich auch für den Betreiber noch rechnen soll. Gerade hierbei spielt die Atmosphäre eine ausschlaggebende Rolle: je kürzer die Verweilzeit in einem Bistro ist, desto aufregender darf die Umgebung sein. Begriffe wie ‚Erlebnisgastronomie‘ und ‚Kommunikationsgastronomie‘ verdeutlichen diese Entwicklung. Am interessantesten sind sicher die Betriebstypen, die vom frühen Morgen bis in die Nacht hinein geöffnet haben und vom Frühstück bis zum kleinen Abendessen mit Barbetrieb alles anbieten. Daß sich im Zuge dieser Entwicklung auch Betriebskantinen und deren Cafeterien gewandelt haben, liegt eigentlich auf der Hand. In einige können Sie einen Blick hineinwerfen. Und natürlich gibt es Cafés und Bistros nicht nur in Wohn- und Geschäftsvierteln, sondern überall da, wo wir auch auf Reisen oder in der Freizeit hingehen. Da gibt es Cafés in Museen und Theatern, in Ausstellungen und auf Messen und natürlich auf Flughäfen, Bahnhöfen und sogar im Zug selbst. Ein Bummel durch die Nachtcafés rundet diesen Streifzug ab.

Café Cult, Frankfurt/M.
Klaus Bürger, Krefeld

Neue Kaffeehaus-Klassik und Erinnerungsarchitektur

Die Architektur mancher der gezeigten Cafés ist beständiger Natur, eher langlebig ausgelegt. Andere wiederum haben einen modischen und kurzlebigen Charakter.

Modern und beständig dürften Cafés sein wie das **Eiscafé De Carlo** in Zürich (s. S. 36), das Bistro **Al Dente** in Karlsruhe (s. S. 82) ebenso wie das Bistrorant **Forum** in Wiesbaden (s. S. 142). Das **Croixement** in Paris (s. S. 114) ist von einer großstädtischen Weite mit einem fast schon anonymen Flair wie es auch das **Café International** in Paris (s. S. 154) hat. Das **Brødrene Bergh** in Oslo (s. S. 100) hat seinen Erfolg bereits seit Jahren unter Beweis gestellt. Auch die Cafés moderner Theater- oder Museumsbauten präsentieren sich eher klassisch zurückhaltend wie das umgebende Bauwerk selbst. Gemeinsam ist ihnen allen eine Helligkeit und Klarheit in Formen und Materialien. Weiße oder zumindest sehr helle Wandfarben, helle und unbunte Natursteine wie Marmor oder Granit, viel Glas, auch geätzte Gläser, Chrom, Edelstahl, Halogenlicht, sensible Details.

In anderen Cafés wird eine Beziehung zur Historie des Gebäudes oder der Umgebung aufgebaut wie z. B. in der **Boliche Bar** in Barcelona (s. S. 57), die früher eine Kegelbahn war und deren Elemente aufgreift. Im Café **Eisenstein** in Hamburg (s. S. 124) werden Bauteile und Flair der ehemaligen Schiffsschraubenfabrik zur alltäglichen, kunstvollen Erfahrung. In der **Blauen Ente** in Zürich (s. S. 144) erinnert ein riesiges Rad mitten im Raum an die ehemalige Mühle. **Rose's Café** in Florenz (s. S. 116) soll gar die mittelalterliche Düsterheit von Haus und Straße ahnen lassen — eine subtile Art, sich mit der historischen Umgebung anzufreunden.

In manchen Cafés wurde versucht, die Alterspatina vorwegzunehmen. Mit großem technischen Aufwand wurden Wandoberflächen verputzt, gestrichen, abgekratzt, mit dem Schwamm verändert, um eine Oberfläche zu erreichen, die benutzt, alt, gar mittelalterlich anmutet, eine Tiefe in die Fläche bringt, die in uns Geschichten und Träume wachruft. Nun ist diese Idee, alte Bau- und Ausstattungsteile nachzuahmen und als Stimmungsmacher einzubauen, in der Gastronomie nicht neu. Alle Pubs und ‚rustikalen' Restaurants präsentieren sich in scheinbar altem Ambiente. Die neuen Techniken hingegen sind sehr spannungsvoll und mit modernen Formen in Szene gesetzt: das ist so im **Stella** in Stuttgart (s. S. 80) wie auch im **Freud** in London (s. S. 62).

Aufregend ist die inszenierte Architektur, die scheinbar da ist oder da war, die spannende Raumformen bildet und fast theatralische Welten schafft.

In Oakland im **Lakeside Delikatessen** (s. S. 72) offerieren die Architekten die Vorstellung eines alten römischen Gebäudes mit Fresken und Brunnen, um eine Identität mit dem italienischen Erbe des Betreibers zu erzeugen. Selbst im englischen Einkaufszentrum **The Pavilions** in Uxbridge (s. S. 72) täuschen ruinenhafte Bauteile scheinbar Gewesenes in einem scheinbaren Garten vor. Im Stuttgarter **Café Stella** (s. S. 80) läßt die Gestaltung den Eindruck einer Piazza ahnen — fast ein Stück Urlaub im Süden direkt neben einer stark befahrenen Autostraße.

Ähnliche Hintergedanken haben Architekten, wenn sie in vorhandene Architekturen andere Architekturen hineinsetzen, wodurch raffinierte Wechselspiele und Täuschungsmanöver zwischen innen und außen entstehen — wie im **Café Milano** (s. S. 112) und in **Cody's Café** (s. S. 54), beide im kalifornischen Berkeley, geschehen. Am weitestgehenden ist hier sicher das japanische Beispiel **La Costa D** (s. S. 134), das eine völlig neue Architekturlandschaft in ein großflächiges, anonymes Geschäftsgebäude hineinstellt: mit Glaspavillons, verschiedenen Sitzflächen und angedeuteten Zäunen wird mit Licht- und Wasserspielen eine Gartenlandschaft stilisiert, die für Restaurants sehr ungewöhnlich ist.

In der einfachsten Form der inszenierten Architektur werden modische Elemente aufgegriffen und bruchstückhaft zitiert, mal verspielt, mal eher maniriert. Diese Gestaltungen sind am kurzlebigsten und können leicht ausgetauscht werden. In anderen werden Ideen umgesetzt: im **Bistro Adebar** (s. S. 98) verhilft das Fabeltier Storch zur Raumidee, im Bahnhofscafé **L'Atlantique** (s. S. 166) ist es der Ozean und der TGV, im **Fellini's'** (s. S. 168) in Hagen die Filmwelt, im **Bwana Jones** in Lilles (s. S. 137) sind es der Dschungel und ein Abenteurer, und in der **Velvet** Bar in Barcelona (s. S. 137) stand gar der Film ‚Blue Velvet' Pate. Zwischen Film und Café gibt es immer wieder eine enge Beziehung: Mal bringen Filmstories Ideen zur räumlichen Umsetzung, mal sind es bestimmte Materialien oder gar nur Stimmungen. Umgekehrt hat auch die Filmkunst von Anbeginn das Café selbst in Szene gesetzt: als Ort banaler oder emotionaler Begegnungen ebenso wie als Austragungsort für viele kriminelle Auseinandersetzungen. Wer erinnert sich nicht an das ‚Café Rick's' im Film ‚Casablanca'? Selbst im Filmtitel wurde das Café namentlich geführt wie im ‚Café Electric', einem österreichischen Stummfilm von 1927 über die Wiener Unterwelt, oder ‚Café Europa' — einem GI-Musik-Film mit Elvis Presley von 1960.

Ich habe immer geglaubt, daß Scheinwelten eher in der Ladenszene anzutreffen sind, wo der Kunde die Bühne betritt, um eine andere Welt zu erleben und in eine andere Rolle zu schlüpfen. Offenbar trifft das auch für Cafés zu. Glaubt man der Kaffeehausliteratur, so ging man schon immer ins Café, um sich dem Alltag zu entziehen, um für eine Weile in einer anderen Welt zu sein. Hermann Kesten formulierte es so: „Die meisten Leute gehen ins Café wie auf Urlaub vom täglichen Leben."

Eingangslogo zu ‚Rick's Café Américain'

Der Betreiber der Schweizer Brasserien Lipp, Anton Jaeger, ist fest davon überzeugt, daß vom optischen Auftritt eines Betriebes eine emotionale Botschaft ausgeht: „Wer durch die Türe kommt, will eine Bühne betreten. Gastronomie muß sich immer als Inszenierung begreifen. Der Gast kommt nicht nur, um zu essen, sondern er will seinen Alltag verlassen, die Szene wechseln und die Rolle."

Wer heute ein Café oder Bistro führt, muß sich schon was einfallen lassen. So gibt es neben Zeitungen und Lesestuben Vernissagen, Musikveranstaltungen live und Theatervorführungen, um neben dem gastronomischen Renommé auch wieder Kulturträger zu sein. Unterhaltung und Spiel gehörten von Anbeginn zur Kaffeehauskultur dazu. Waren es einst Kartenspiele, Tarock, Schach und vor allem Billard, so bereichern heute — neben Billardtischen — plärrende Jukeboxes und winselnde Spielautomaten die Szene. Aber auch Bildschirme für das tägliche TV-Programm oder Videofilme sind häufig anzutreffen.

Ein Medienspektakel gar finden wir vor allem in den neuen Kultorten von Zeitstil und Geselligkeit — den Bars, Diskotheken und Nightclubs von Japan bis Italien, von Spanien bis Amerika. Das **Epsylon** in Reggio Emilia (s. S. 210) ist ein Beispiel für solch ein neoromantisches Theater mit Special Effects und Bühnenzauber: magische Erlebnisqualität, Verfremdung und Übersteigerung bannen hier den Geist der Zeit.

Design als Action-Trip bevorzugen japanische Designer in ihren Bars und scheuen in der Dekoration auch vor politischen Horrorvisionen nicht zurück.

Der bühnenhafte Luxus, der hier aufgebaut wird, erinnert stark an die Luxuswelt der Belle Époque des ausgehenden letzten Jahrhunderts: Damals entstand im märchenhaften Plüsch das Pariser **Maxims**, Josef Hoffmanns **Fledermaus** Kabarett und Adolf Loos' **American Bar**. Und die russischen Stilrevolutionäre erhoben das Moskauer Künstlercafé **Poetov** zum Gesamtkunstwerk.

Der Rückgriff auf vergangene Epochen ist auch heute ein beliebtes Stilmittel der Designer. In der Bar **Hanoi** in Madrid wird die Welt der Luxusliner heraufbeschworen. Und im **Velvet** in Barcelona (s. S. 206) erzählt der Spanier Arribas die Welt der 50er Jahre aus heutiger Sicht. Stimmungen alter Kinofoyers und Samtvorhänge der Lichtspieltheater tauchen auf und machen das Nachtcafé zur Erinnerungsarchitektur.

Ein Blick zurück

Aber warum greifen Architekten so gern in die Schatztruhe der Vergangenheit? Sind es ästhetische Gründe, wie bei der Postmodernen geschehen? Sollen Assoziationen geweckt werden zu früheren Stilepochen oder zu dem, was man mit einem französischen oder Wiener Kaffeehaus verbindet? Denn zugegeben, bekannte Elemente zu verwenden, schafft einen gewissen Grad an Vertrautheit, vielleicht sogar Behaglichkeit. Und das bot das Kaffeehaus von Anfang an seinen Besuchern. Bereits im 15. Jh. soll es die ersten Kaffeehäuser im Nahen Osten gegeben haben, in denen sich Dichter, Wesire, Kadis und Kaufleute bei Spiel und Gesprächen vom Kaffee anregen ließen. Diese Anregung verursachte aber auch viel Aufregung, weshalb es sogar Verbote und Kriege um dieses Getränk gab.

Im 17. Jh. gelangte der Kaffee durch Kolonialisierung und Handel nach Europa. England und Holland waren damals die Länder mit der ausgeprägtesten Kaffeehauskultur. Schon 1625 gab es in London mehrere Kaffeehäuser. Aus dem sicher berühmtesten **Lloyds Coffeehouse** entwickelte sich die spätere Versicherungsgesellschaft. Die Eroberung Indiens — und damit die des Tees — brachte das Ende für Englands Kaffeehäuser. Aus ihnen entwickelten sich die exklusiven Clubs, zu denen, wie in den orientalischen Kaffeehäusern, Frauen keinen Zutritt hatten. Anfangs hatten Frauen auch in keinem europäischen Café Zutritt, wodurch sich in gehobenen Kreisen sog. Zirkel oder Kaffeekränzchen herausbildeten.

Meistens versammelten sich im Kaffeehaus all diejenigen, die über genügend Zeit verfügten und an einem geistigen Austausch interessiert waren. Auch viele Geschäftsleute kamen in die Cafés, die zum Markt für geschäftliche und politische Neuigkeiten avancierten. Im 19. Jh. zog sich die Geschäftswelt in ihre Kontore zurück. Die Cafés wurden mehr zu Treffpunkten der Geselligkeit, Kontaktpflege und Zerstreuung, die in den Anfängen vorwiegend in den großen Städten Europas anzutreffen waren, wie in Marseille, Paris, Wien, London, Leipzig, Rom, Venedig. Als das älteste deutsche Café gilt das **Coffee-Baum** in Leipzig, in dem sich damals schon die geistige Elite der Musik und Literatur traf. Auch die Regensburger **Café-Stuben** — heute noch als **Café Prinzeß** für seine Pralinen bekannt — behaupten von sich, 1686 das erste Caféhaus Deutschlands eröffnet zu haben. Eines der ganz alten, weniger berühmten Kaffeehäuser, das **Café Schucan** in Münster, war noch bis vor einem Jahr ein beliebter Treffpunkt.

Café Schucan, Münster

In Venedig entstand etwas früher, nämlich 1647, das erste Café unter den Arkaden auf dem Markusplatz — ein Vorgänger des berühmten **Café Florian**, das nach Balsacs Schilderungen nicht nur Café, sondern ‚zugleich eine Börse, ein Theaterfoyer und Lesekabinett, ein Klub, ein Beichtstuhl' gewesen sei.

Und Wien verdankt, der Legende nach, sein erstes Kaffeehaus dem Schwert des polnischen Königs Sobieski, der 1683 Wien von den Türken befreite, die auf ihrer Flucht Unmengen von Kaffeesäcken zurückließen. Der Ungar Kolschitzky, der türkischen Sprache mächtig, ging als Kundschafter durchs Feindeslager und erfuhr von den Angriffsplänen. Zum Dank wurde er mit der Beute belohnt und eröffnete die erste Kaffeesiederei **Zur blauen Flasche**.

Das Wiener Kaffeehaus

Die Kulturgeschichte erweckt häufig den Eindruck, als ob die Cafés immer fein ausgestattete Salons für die sich langweilende geistige Elite darstellten.

In den Anfängen waren es aber meist einfache Bretterbuden, von Armeniern oder Marokkanern betrieben. Von den 2000 Cafés im Paris des 17./18. Jhs. waren wohl die meisten — wie in anderen europäischen Städten auch — aus einfachen Tavernen hervorgegangen. Oft waren es kleine Stuben, in denen man heißen Kaffee, etwas zu essen, aber auch Alkohol bekam. Gerade in den dichtbevölkerten Großstädten boten diese Cafés für viele die einzige Möglichkeit, sich bei heißem Kaffee und kleinen Mahlzeiten aufzuwärmen, zumal ihre Wohnungen zu klein zum Kochen waren.

Auch Wiens Kaffeehauskultur ist bekanntermaßen zum großen Teil den prekären Wohnverhältnissen zuzuschreiben. Die Kaffeehäuser boten vor allem Künstlern und Literaten die einzige Möglichkeit, warm und ungestört zu arbeiten, Post zu empfangen, zu telefonieren, Freunde und auch mögliche Auftraggeber in ‚geeigneter Umgebung' zu empfangen.

Und für all die, die am Ort keine familiären Bindungen oder gar eine Heimat hatten, wurde das Café zum vertrauten Zuhause. Außer Künstlern und Vertretern freier Berufe verkehrten hier viele Militärs, alleinstehende Angestellte und Beamte und Müßiggänger jeder Art.

Was das Wiener Kaffeehaus ist, hat mal Stefan Zweig definiert: „Es ist eigentlich eine Art demokratischer, jedem für eine billige Schale Kaffee zugänglicher Klub, wo jeder Gast für diesen kleinen Obolus stundenlang sitzen, diskutieren, schreiben, Karten spielen, seine Post empfangen und vor allem eine unbegrenzte Zahl von Zeitungen und Zeitschriften konsumieren kann."

Im Unterschied zum Café der romanischen Länder gab es das Kaffeehaus in allen Ländern der österreichisch-ungarischen Monarchie. In Städten wie Prag, Budapest und Wien lebten die gleichen Traditionen, und es gab es natürlich auch in den anderen Städten und ländlichen Bereichen. Das Kaffeehaus der Künstler und Literaten gab es allein in Wien. Und dieses spezielle Kaffeehaus ist sicher auch nur deshalb so berühmt geworden, weil viel darüber geschrieben wurde.

Es gibt unzählige Anekdoten und Geschichten über all die Künstler, Literaten, Politiker und Schauspieler, über die Großzügigen, Geizigen und Habenichtse, die vom Pump und Wohlwollen anderer lebten. ‚Die Szene' spielte sich schon damals in ganz bestimmten Kaffeehäusern ab, die für viele unzugänglich blieben. Manche Literaten gingen Jahrzehnte lang immer wieder ins gleiche Café, schrieben dort Briefe, Artikel, Bücher, Romane. Szenen innerhalb und außerhalb der Cafés wurden zu Buchthemen verarbeitet.

Für jede Berufsgruppe gab es ein spezielles Kaffeehaus, von den Droschkenkutschern angefangen bis hin zu den Börsianern, den Juristen, den Politikern, Theaterleuten, den Musikern, den Künstlern und Literaten. Im **Café Griensteidl** wehte seit seiner Gründungszeit 1847 ein politischer Wind um die Nase der jungen Literaten. Hugo von Hofmannsthal deklamierte schon als 16jähriger hier. Peter Altenberg und Karl Kraus kamen regelmäßig hierher. Im **Café Daum** waren die Traditionalisten anzutreffen. Und vom **Café Central** sagt Alfred Polgar: „Das Café Central ist nämlich kein Caféhaus wie andere, sondern eine Weltanschauung, deren innerster Inhalt es ist, die Welt nicht anzuschauen."

Café Museum, Wien

Im **Café Sperl** saßen die bildenden Künstler ebenso wie im **Café Museum**, von Adolf Loos gebaut, der damals gerade von Amerika zurückgekehrt war. Zu diesem Café schrieb die Wiener Rundschau 1899: „Was haben wir mit diesem Café gewonnen? Viel. Denn es zeigt, daß Einfachheit und Vornehmheit aus einem Quell entspringen: aus der Klarheit. Es verzichtet auf alles, was überhaupt irgend entbehrlich ist. Es zeigt nicht nur, wie das Nützliche im Schönen, sondern wie das Schöne im Nützlichen enthalten ist."

Neben all den Wiener Kaffeehäusern, die eher reich ausgestatteten, gepolsterten Wohnstuben glichen und für die Gäste ja auch eine gewisse Wohnlichkeit verkörperten, nahm sich das **Café Museum** eher karg aus. Es war ungewöhnlich zurückhaltend und sparsam eingerichtet. Vielleicht war es das erste wirklich moderne Café. Seine Freunde hielten ihm zugute, daß es wenigstens einen Raum mit Bildern des amerikanischen Zeichners Gibson gab.

Von diesem Café abgesehen wird über die Architektur der Wiener Kaffeehäuser nicht allzu häufig berichtet. Man erfährt mehr über das Leben im Café: über den Ober, der alle Gäste und deren Wünsche genauestens kannte, über die Sitzkassiererin hinter ihrem Büffet, an dem sie nicht nur kassierte, sondern auch Alkohol ausschenkte. Aus dieser Zahltheke entwickelte sich später — wie auch in Frankreich — die Bar. In manchen Cafébars Frankreichs und auch Italiens gibt es noch heute neben der Bar die kleine Zahltheke (s. auch **Café Italia** in Florenz, s. S. 119).

Wo immer möglich, zog man auch in Wien und Umland mit dem Café auf den Bürgersteig, den Vorplatz oder in den Garten hinaus. Selbst im Wiener Vergnügungspark, dem Prater, gab es viele Gartencafés, ohne die ein Johann Strauß vielleicht nie berühmt geworden wäre.

Nun. ‚Das' Wiener Kaffeehaus gibt es nicht mehr. Und in der permanenten Klage der Wiener über Vergangenes und Verlorenes gibt es auch reale Gründe für diesen Verlust: Friedrich Torberg, selbst ein jahrelanger Caféliterat, meint: „...Es liegt an den gesellschaftlichen Umschichtungen, an der Kommerzialisierung unseres Daseins, an den Eingriffen der Technik. Es liegt an dem, daß sie alle ... keine Zeit mehr haben. Und Zeithaben ist die grundlegende Voraussetzung jeglicher Kaffeehauskultur."

Torberg hat wohl recht. Selbst Künstler und Freiberufler gehen heute nicht mehr so häufig ins Café. Und warum? Weil sich die Wohnverhältnisse und der Status der Künstler und Freiberufler geändert haben. Kein Kaffeehaus muß heute mehr ein Zuhause ersetzen. Es mag für manche noch ein Refugium sein, meist ist es allenfalls ein Treffpunkt.

Aber es gibt auch andere, wirtschaftliche Gründe. Bereits um 1920 mußten viele Kaffeehäuser schließen und Bankfilialen Platz machen. Zehn Jahre später kehrte sich der Prozeß um, und Cafés zogen wieder ein. In den 60er und 70er Jahren gab es ähnliche Entwicklungen nicht nur in Österreich, auch in der Schweiz und in Deutschland. Noch immer ist es offenbar für die Banken leichter, rentabel und gewinnbringend zu arbeiten, als für viele gastronomische Betriebe. Auch das Café **Bachmann** in Basel (s. S. 40) war vorher eine Bankfiliale. Und selbst in dem Frankfurter Stadtteil, in dem ich wohne, mußten zwei alteingesessene Cafés Bankfilialen weichen, die inzwischen allerdings längst Modegeschäften Platz machen mußten.

Gehen wir einmal zurück in die 20er Jahre. Mußten in Wien viele Cafés schließen, so entwickelten sich z. B. in Frankreich völlig neue Café-Formen. Das architektonisch bedeutendste Beispiel ist sicher das **Café Aubette** in Straßburg, das Theo Van Doesburg 1926 ganz in der Auffassung der De Stijl-Gruppe entwarf: diagonal angeordnete Farbflächen überziehen Wände und Decke des gesamten Raumes. Auch die Art-Deco-Cafés dieser Zeit sind ungewöhnlich: einfache, geometrische und elegante Räume mit großzügiger, schwungvoller Bar und hinterleuchteten Wänden finden sich hier ebenso wie sehr schmuckvolle, wie z. B. die Brasserie **Lorraine** in Paris.

Café Art Deco.
Maurice Dufrene

Das Pariser Café und Bistro

Werfen wir mal einen Blick in das französische Café, das neben dem Wiener Kaffeehaus sicher am meisten als Vorbild für heutige moderne Cafés angesehen wird. Mit ihm verbinden wir nicht die Behaglichkeit und Gemütlichkeit der Wiener Kaffeehäuser, sondern vielmehr den Gedanken des Theatralischen, des Sehens und Gesehenwerdens.

Paris ist aber auch nicht Wien. Allein die vielen Namen für Cafés sind verwirrrend: wer findet sich schon zurecht zwischen Café, Bistro und Brasserie, zwischen Drugstore, Pub und Salon de Thé?

Historisch gesehen war natürlich zuerst das Café. Immerhin kennt man es hier schon seit über 300 Jahren. 1680 wurde der Kaffee von einem türkischen Botschafter eingeführt und von dem Armenier Pascal im Ausschank ausprobiert. Sein Angestellter, der Sizilianer Procopio Cultelli, ließ sich mit dem **Procope** nieder, genau da, wo es auch heute noch steht: in der Rue de l'Ancienne Comédie, mitten in Saint Germain.

Er servierte damals exotische Getränke wie Kaffee, heiße Schokolade und Tee und beschäftigte populäre Kabaretts der Stadt. Damit entwickelte er inhaltlich und gestalterisch einen Cafétyp, der den feinen Salons der reichen Leute abgeschaut war: es war ein großer Raum mit Tischen und Stühlen oder Bänken, breiten Spiegeln an den Wänden, festlich und geschmackvoll dekoriert — ganz anders als die Tavernen jener Zeit. Er hatte Glück, denn die schmuckvolle Raumausstattung mit viel Marmor und Stuck bestand aus Überresten einer vornehmen Badehauseinrichtung. Der runde Comptoir in der Raummitte wurde im 20. Jh. zur Bar. Das **Procope** fand viele Nachahmer, und gerade im 18. Jh. entstanden wahre Luxuscafés.

Das 19. Jh. ließ die einfachere Variante für das aufkommende Proletariat entstehen, das Bistro. Den genauen Ursprung des Wortes kennt man nicht. Die Legende jedenfalls führt ihn auf russische Kosaken zurück, die 1814 nach der Niederlage Napoleons in Paris waren, aber nicht in Cafés verkehren durften. Konnten sie ihrer Aufsicht aber doch entwischen, so riefen sie bei jeder Bestellung laut: „bistro! bistro! (schnell! schnell!). Die einfachen Pariser dagegen ließen sich natürlich Zeit, um in ihrem Bistro Informationen und Klatsch auszutauschen und heiß zu diskutieren.

Die Brasserie war eher eine Gaststätte nach deutschem Muster. Hier war die Einrichtung schlicht mit weiblicher Bedienung, wohingegen in Cafés ausschließlich männliche Ober bedienten.

Die jüngsten Kinder der Kaffeehausfamilie kommen aus den angelsächsischen Ländern. Als 1965 der erste Drugstore Europas in Paris eröffnet wurde, sprach man entrüstet von einer kulturellen Kolonisierung. In seiner Art hat sich der Drugstore allerdings nicht weiterentwickelt. Auch der Pub ist nur eine plüschige Nachahmung geblieben, und der Salon de Thé, den es inzwischen in vielen Ländern gibt, entspricht letztlich nur dem deutschen Konditorei-Café, in dem sich würdige alte Damen um ihren Kuchen versammeln.

Auch die Cafeteria als Selbstbedienungsrestaurant und die Café-Bar stammen aus Amerika. Hier wie überall haben sich die Kategorien vermischt oder konkurrieren miteinander.

Während nach dem 2. Weltkrieg in vielen europäischen Ländern die Cafés zunehmend ausgestorben sind, gibt es sie in Frankreich wie eh und je. Vermutlich ist es der starke Mitteilungsdrang der Franzosen, den sie in ihrem abgeschirmten Zuhause gegenüber Fremden nicht ausleben. Wo sonst sollte der Pariser am frühen Morgen seinen Café-au lait mit Croissant bekommen, die Hausfrau sich nach dem Einkauf einen Calvados genehmigen, die Angestellten in der Mittagspause mit einem starken Espresso Kraft für den Nachmittag schöpfen, wo sonst

Speisekarte

kann man den Nachbarn treffen und mit ihm streiten, mit Freunden und Geschäftsleuten einen Termin ausmachen?

Als in Paris die großen Boulevards mit den breiten Bürgersteigen aufkamen, wuchsen die Cafés auf die Straße hinaus. Hier — in diesen Terrassencafés — war der beste Platz, um das Theater der Straße zu genießen und sich selbst zu zeigen. Henry Miller beschrieb seine Beobachtungen im Café Wepler so: „Ich setzte mich hin, auf der Terrasse oder im Innern, bei jedem Wetter und zu jeder Tages- und Nachtzeit. Das war für mich ein offenes Buch. All die Gesichter — die der Ober, der Patrons, der Kassiererinnen, der Nutten, der Kunden und selbst der Klofrauen sind mir im Gedächtnis geblieben wie Bilder eines Buches, in dem ich Tag für Tag blättere."

Zweifellos ist jeder Cafébesucher beides: Darsteller des Theaters und Besucher zugleich, deren Schauspiel die Spiegelwände wiedergeben.

Wo Menschen über das Alltagsgeschehen reden, geht es meistens auch um Politik. Und wo sonst kann man besser darüber und über die Politiker herziehen als im Café? „Das Café ist das Parlament des Volkes", definierte noch Balzac. Doch die Zeiten sind lange vorbei, da in den Cafés Politik gemacht wurde oder sich Exilpolitiker trafen.

Café de Flore tot le Matin, Paris

Zwischen Schauspielern und Politikern dürfte man wohl die Intellektuellen und Künstler einreihen. Sie verbrachten die längste Zeit in den Cafés, schon, um sich gegenseitig ihre Bedeutung zu bestätigen. Simone de Beauvoir, die Lebensgefährtin Sartres, der selbst vorwiegend in Cafés gearbeitet hat, ohne die es vielleicht nie einen Existentialismus gegeben hätte, urteilte über das **Café de Flore** so: „Die kleine Gemeinde der Getreuen, die sich dort täglich traf, gehörte nicht ganz zur Bohème und nicht ganz zur Bourgeoisie. Die meisten hatten lose mit dem Film oder dem Theater zu tun. Sie lebten von unsicheren Einkünften, Notbehelfen und Hoffnungen... Sie verbrachten ihren Tag damit, in kleinen, blasierten, von Gähnen unterbrochenen Sätzen ihren Ekel zu verströmen. Des Klagens über die menschliche Sauerei war kein Ende."

Vielleicht urteilt sie hier ein wenig streng. Und doch drängt sich bei dieser Beschreibung der Gedanke auf, daß es zwar wirtschaftlich kein sehr großer Verlust ist, daß die ‚Intellos' weder in Paris noch in Wien länger in Cafés anzutreffen sind. Doch kulturell gesehen, fehlt diese einfache Plattform der Auseinandersetzung.

Auch Hemingways Bücher wären wohl ohne die französischen Cafés kaum zustande gekommen. In seinen Memoiren schreibt er: „Ich konnte mich immer im Café zum Schreiben niederlassen und einen ganzen Vormittag vor einem Café crème arbeiten, während die Ober den Raum, der sich langsam erwärmte, saubermachten und kehrten."

Die alte Café-Herrlichkeit mit ihrem intellektuellen Touch ist auch in Paris längst vorbei. Lediglich ein jährlicher Literaturpreis erinnert an die alten Zeiten im **Deux Magots**. Und in der **Closerie des Lilas**, einer ehemaligen Poststation mit Fliederbäumen, die es da schon lange nicht mehr gibt, kann man auf kleinen Messingschildern von A (Apollinaire) bis W (Wilde) bewundern, welche berühmten Gäste hier einmal waren.

Weniger das Café hat sich einen Namen gemacht als der Gast, der sich an eines seiner Stammcafés erinnert: Georges Simenon, Autor der berühmten, französischen, mehrfach verfilmten Kriminalromane, hatte sich während des zweiten Weltkrieges in die tiefste französische Provinz abgesetzt, wo er sich — vermeintlich — sicherer fühlte. In seinen Mémoires Intimes erinnert er sich an sein damaliges Stammcafé, das **Café du Pont** in Fontenay-le-Comte:

„Nach und nach lernte ich in dem 5000-Seelen-Ort fast alle Gesichter kennen. Das fing für mich im wichtigsten Café des Ortes an, denn es war gerade auf der anderen Seite der Brücke, die den Fluß überquerte, hingebaut worden. Es war das typische Café der kleinen französischen Städte. Der Raum war, der Zeit entsprechend, mit Spiegeln umschlossen, mit weißen Marmortischen und verschnörkelten Stahlfüßen, mit einer glänzenden Metallkugel in der Nähe einer der unvermeidlichen Säulen, die die Ober in ihren weißen Schürzen hin und wieder öffneten, um einen Putzlappen herauszunehmen… Fast jeden Nachmittag traf ich dort ein paar der Notablen des Ortes, einen Advokaten, einen Arzt… manchmal auch den Unterpräfekten und einen pensionierten Kommandanten der Gendarmerie. Am gleichen Tisch spielten wir ernsten Gesichtes Bridge, bis es Zeit wurde zum Abendbrot."

Andere Dichter haben die Stimmung in ihrem Lieblingslokal auf kürzere Weise zusammengefaßt. Guy de Maupassant, der sehr krank war, schrieb: „Und sie ließen Wein kommen, um die Zeit zu töten und das Leben, das nur so langsam verging."

Die neue Welt der Cafés

Cafégeschichten gehören heute — wie auch in Wien — der Vergangenheit an. Doch Cafés und Bistros gibt es immer noch — an jeder Straßenecke der französischen Städte und auf jedem Dorfplatz der Provinz, ganz gleich, ob das in Frankreich, Italien, Spanien oder Griechenland ist. Manche sind da, als hätte es sie immer gegeben. Und sie sind voller Leben. Eines davon ist z. B. das **Le Roquet** am Boulevard St. Germain/Ecke Rue de Saint Pères. Die Einrichtung stammt deutlich aus den 50er Jahren mit eckigen Neonstrichen an der Decke und dem dicken Aluguß am Counter. Hier läßt man sich nicht nieder, hier lehnt man am Counter wie an der italienischen Espresso-Bar, trinkt ein bière presson, einen Wein oder Kaffee — und geht wieder seinen Geschäften nach. Die Einrichtung ist nüchtern. Die Menschen mit ihrer Betriebsamkeit bestimmen die Atmosphäre.

Café Costes, Paris
Philippe Starck

Wirkliche Weiterentwicklungen der Cafés hat es in den Folgejahrzehnten eigentlich nicht gegeben. Auch in Deutschland reichen die letzten Versuche einer neuen Kaffeehauskultur in die 50er Jahre zurück. Als Erweiterungen von Konditoreien und Bäckereien entstanden kleine Nachmittagscafés. Und es gab Konzert- und Tanzcafés mit großer Freifläche in der Mitte und umlaufender Galerie. In Erinnerung an diese Tanzcafés wird der Mangel daran in der heutigen Zeit z. B. im Frankfurter Raum durch ein Unternehmen eigener Art aufgefangen: eine Firma, die viele Stadthallen bzw. Bürgerhäuser gastronomisch betreibt, bietet das **Caféhaus unterwegs** an, ein fahrendes Tanzcafé für ältere Leute, das mit Kapelle von Bürgerhaus zu Bürgerhaus zieht und dort Kaffee, Kuchen und Tanzmusik offeriert.

Die 60er und 70er Jahre scheinen auch keine Zeit für neue Cafés gewesen zu sein. Für die ältere Bevölkerung verblieben Konditorei- und Eiscafés sowie Stadtteil-Kneipen als Treffpunkte. Die Jüngeren zogen sich in Stammlokale und meist gesichtslose Cafés zurück, die ihren Gästen offenbar die Vertrautheit gaben, die sie brauchten.

In den 80er Jahren wuchs eine Generation heran, die wirtschaftlich alles hatte, emotional aber unsicher war. Vermassung und Vereinsamung weckten wieder den Wunsch nach Gemeinsamkeit, nach Individualität und Originalität mit einer deutlichen Formensprache in Architektur und Design, die auf der Suche nach einer neuen Kulturform Geschichte und Gegenwart heranzog, zitierte, ironisierte und vermengte.

In diese Zeit fallen auch die Entwicklung von wirklich neuen Cafés in verschiedenen Ländern. Zwei häufig in der Fachpresse veröffentlichte und bekannte Cafés sind das **Café Costes** und das **Café Beaubourg** in Paris. Vom **Café Costes** sagt sein Designer Philippe Starck selbst: „Es ist schön und traurig wie das Buffet im Bahnhof von Prag." Tische mit wunderschönen, dreifarbigen Steinplatten laden vor dem Café ein, in das man durch ein beleuchtetes Säulenportal gelangt. Farben und Materialien haben tatsächlich das düster Vertraute eines Bahnhoflokals, und die große Uhr am Ende der Treppe im Obergeschoß und die Glasdecke darüber machen den Eindruck perfekt.

Ganz anders ist das **Café Beaubourg** von Christian de Portzamparc. Spontan erinnerte es mich an die großen Tanzcafés der 50er Jahre mit Galerie und schwungvoller Treppe. In einem Interview erzählte der Besitzer Gilbert Costes etwas über die Besonderheiten dieses Cafés. Beeindruckt von großen Cafés und Brasserien wollte er einen großen Raum haben, in dem man von der Menge aufgesogen wird und dennoch das Geschehen beobachten kann. Das passiert aber nur, wenn das ganze Café eine gewisse Identität aufweist, von der Architektur bis zum Design des Mobiliars, von den Servietten bis hin zur Kleidung des Personals. Das gewisse Extra aber ist die Architektur mit einer großen Eigenpersönlichkeit, die ständig jung gehalten werden muß.

Café Beaubourg, Paris
Christian de Portzamparc

Und gerade hierin unterscheiden sich die neuen Cafés von den alten. Diese waren oder sind so beliebt, weil sie sich nie veränderten, über Jahrzehnte hinweg gleich blieben. Was sich veränderte, waren Ausstattungsdetails — und natürlich die Gäste.

Café-Besucher

Fragt man die Betreiber, wer in die neuen Cafés und Bistros mit Designanspruch heute hineingeht, so sind es vorwiegend jüngere Leute zwischen 18 und 45 Jahren. Natürlich gibt es auch welche, die von Älteren frequentiert werden: Die Inhaber des **Maddalena Loveburger'** in Prato (s. S. 128) verweisen stolz darauf, daß auch die ältesten Kunden der Stadt zu ihnen kommen. Und auch im Wiener **Kiang** (s. S. 140) sind Kunden um die 70 herum häufig zu Gast. Auch in der **Blauen Ente** in Zürich (s. S. 144) bewegt sich das international angehauchte In-Publikum zwischen 18 und 80 Jahren; es kommt schon deshalb, weil Service, Gastronomie und Architektur zusammen den Besuch zu einem Erlebnis machen.

Nun nehmen die aktiven und fröhlichen ‚Grufties' unserer Zeit gern Verhaltensweisen Jüngerer an. Nur, neue Ideen gehen von ihnen selten aus. Wirklich experimentierfreudig und reagibel zeigen sich doch eher die Jungen. Und die gelten als Verbraucher mit ausgeprägtem Hang zum Hedonismus und Narzismus. Von klein auf verwöhnt, konzentrieren sie sich meist auf ihre eigene Person und die eigenen Bedürfnisse. Sie sind ungeduldig. Wünsche sollen rasch erfüllt und Erlebnisse gesättigt werden. Wen wundert es dann noch, daß diesen Kunden nur noch dann etwas Spaß macht, wenn Sinnesreize damit verbunden sind, denn Sinnesvielfalt bedeutet Lebensqualität. Diese neue Sinnlichkeit, auch der ausgeprägte Erlebnisdrang, äußern sich beim Einkaufen genauso wie im Café oder Restaurant. Natürlich sind Qualität und Präsentation des Speiseangebotes genauso betroffen wie die Gestaltung des Raumes.

Wieviel auch immer von diesem Stimmungsbild des neuen jungen Verbrauchers zutreffen mag, so zeigt es, daß er sicher ein anderer ist als der Gast, der früher in den Cafés, Espresso-Bars, Bistros und Kaffeehäusern stundenlang herumlungerte.

Das Auftreten des heutigen Gastes klingt so, als wolle er alles haben: ein hervorragendes Essen, möglichst vor seinen Augen zubereitet; natürlich frische, biologische Vollwertkost; appetitanregend auf kleinen Buffets präsentiert, von denen er nur zugreifen muß, wenn es ihn danach gelüstet. Nicht genug damit. Auch der Raum soll ein Erlebnis sein. Hintergrundmusik — passend zur jeweiligen Zielgruppe — soll die störenden Geräusche neutralisieren, egal, ob die von den anderen Gästen oder von der Straße herrühren. Das Licht, nicht zu hell, sonst wird man an Fast-Food-Restaurants erinnert, aber auch nicht so schummrig wie in der Bierkneipe nebenan — sondern eher ein bißchen Theater, Szene, damit jeder gut zur Geltung kommt. Und Design sollte das Ganze auch haben und eine richtige architektonische Form oder vielleicht eine Geschichte, bühnenhaft erzählt? Und wenn die Architektur hier zu wenig Aufregendes bietet, dann aber doch bitte ein life-Auftritt von einer Musik- oder Theatergruppe, oder vielleicht 'ne Talk-Show?

Café Modern — ein bißchen Theater und Szene

Spaß beiseite. Die Beispiele zeigen, wieviel Show in unsere Kultstätten Café, Bistro und Co. eingezogen ist.

Allein die Namen lassen schon die Vielfalt ahnen: Café, Bistro, Bistretto, Restro, Brasserie, Bistrorante, Kaffeehaus etc. Ihre Vorbilder haben sie alle aus dem Wiener Kaffeehaus oder dem französischen Café oder Bistro bezogen — und neuerdings auch aus der futuristisch orientierten Bistro-Bar-Szene in Barcelona, Tokio und New York.

Organisatorisch lehnen sich viele von ihnen an amerikanische Fast-Food-Betriebe gehobenen Genres an. Von ihrer Psyche her sind sie eher ungezwungen: man kann jederzeit kommen, allein oder in Gesellschaft, man kann essen und trinken, im Sitzen oder Stehen, kann sich unterhalten oder unterhalten lassen, kann jemanden treffen oder allein sein, sehen und gesehen werden — wie das schon immer in einem Café möglich war. Besonders in Großstädten ist das Niveau dieser Treffpunkte von großer Bedeutung. Großstadtgäste halten sich für etwas Besonderes. Sie suchen hier Gleichgesinnte, und sei es nur, um sich selbst zu bestätigen. Je nach Stadtteil, Stadtgröße oder Tageszeit ändert sich die Klientel und wird vielfältiger. Vielfältiger als früher ist auch die Architektur der Cafés und all ihrer Verwandten und Sonderformen geworden. Mit dem Wachsen der Städte, der Ballung der Arbeitsplätze in der Innenstadt und der zunehmenden Distanz zwischen Arbeitsplatz und Wohnung haben sich diese Treffpunkte verändert und mehrere Funktionen zu erfüllen.

Allein die Nachfrage nach einem schnellen Imbiß oder Snack ist stark gestiegen. Und nicht jeder möchte seinen Salat in einer Fast-Food-Kette einnehmen. Für ein Restaurant reichen oft weder die Zeit noch das Geld. So bieten seit vielen Jahren Cafés, Bistros und Co. kleine Essen zu allen Tageszeiten an. Selbst Museumscafés haben sich auf diese veränderten Bedürfnisse eingestellt, wie das Beispiel des Frankfurter **Café im Museumspark** zeigt. Es liegt im Museum für Kunsthandwerk des Architekten Richard Maier. Café und Gebäude präsentieren sich in strahlendem Weiß. Zu klassischer Musik können die Gäste innen und im Freien relaxen und dabei wechselnde

Café im Museumspark, Frankfurt/M.
Museum für Kunsthandwerk
Richard Maier

Kunstwerke Frankfurter Künstler betrachten. Neben den Museumsbesuchern gibt es längst Stammgäste: Geschäftsleute, Schüler, Mütter mit ihren Kids aus der nahen Umgebung, die sich in der lockeren Atmosphäre wohlfühlen. Wichtiger als Kuchen sind für alle Snacks und Salate in großer Auswahl. Besonders erfolgreich für die Gastronomie wirken sich die vielen Sonderveranstaltungen aus. Und ein wunderschönes Haus mit einem herrlichen Park gibt's kostenlos dazu.

Dieses und die vielen Beispiele in diesem Buch machen deutlich, daß die alten Funktionen der Cafés durchaus noch ihre Bedeutung haben. Schlagworte wie ‚Kommunikations-Gastronomie' und ‚Treffpunkt-Gastronomie' lassen erkennen, daß sich nicht nur in der Gastronomie etwas geändert hat. Auch Architektur und Design müssen eine neue Antwort finden für einen Gast, der so anspruchsvoll und vielfältig in seinem Verhalten geworden ist, daß die Gestaltung eines Cafés oder Bistros sowohl für Betreiber als auch Architekten eine Herausforderung darstellt. Café- und Bistro-Architektur ist inszeniertes Theater, um ein Stück Vergessen, Genießen, um Urlaub von der Alltagswelt zu suggerieren.

Machen Sie sich ein paar schöne Stunden — in den neuen Cafés und Bistros!

What I would like to show you in this book is the world of cafés and bistros. It is not my intention to focus on old cafés or the typical French or Viennese café. Patent solutions for economical success in the gastronomy business are not the main concern either — at least not at first glance. Most of all I would like to show you modern cafés and bistros with interesting architecture and design that have been established in recent years. In the following eighty examples from a total of fourteen countries, ambience plays a key role in such exciting ways that I myself was taken by surprise. Many examples are characterized by a classical elegance which will still be appreciated in years to come. Others illustrate sensitive and artistic interaction with historical surroundings. Fun and games are not only evident in the entertainment available, but also in the design concepts. Naturally, there are many examples in which illusory worlds are theatrically presented as reality, in order to fulfil the café's function of providing a relaxing change from the every day world. This theatricality is most evident in the cafés which are also night bars. Here science fiction, pop and film elements are intermingled. The Spanish demonstrate particular mastery in this technique.

Our excursion into the world of cafés is also worthwhile from a gastronomic point of view. Ice cafés and confectionary cafés have changed their palette of products, their clientele and appearance. More and more shops – not only department stores, butchershops and bakeries – now have a café or bistro area. Retail trade gastronomy is expanding. And the bistros? Their appeal seems to lie somewhere between the café as a cultural meeting place and the restaurant as a gastronomical one. They are perfectly attuned to the needs of urban people who want light, high quality meals at any time of the day and at reasonable prices. Especially in this area, the atmosphere plays a decisive rôle: the shorter the time spent in a bistro is, the more exciting the surroundings can be. Terms such as 'experiential gastronomy' and 'communicational gastronomy' are indicative of this development. The most interesting establishments are undoubtedly those which are open from early morning until late at night and which provide everything from breakfast to light suppers with bar service. In this area I have chosen the most examples, which are very diversified with regard to menu and appearance. It is a logical consequence that company canteens and cafeterias have also changed in the course of these developments. Some examples are included in this book. Naturally, cafés and bistros are not only located in residential and commercial districts, but also everywhere people go in their leisure time and while travelling. There are cafés in museums and theatres, at exhibitions and trade fairs and, of course, in airports, railway stations and even on the trains

themselves. Our excursion is rounded off by a stroll through several night cafés.

New Coffeehouse Classicism and Commemorative Architecture

The architecture of some of the cafés included in this book is of a permanent nature that is designed to last. Others, on the other hand, have a fashionable and shortlived character. Cafés, such as the Ice Café **De Carlo** (p. 36) in Zürich, the bistro **Al Dente**, (p. 82) in Karlsruhe as well as the bistrorant **Forum** (p. 142) in Wiesbaden are modern and permanent in character. The **Croixement** (p. 114) in Paris has a metropolitan spaciousness with an almost anonymous flair, as does the **Café International** (p. 154) in Paris. The **Brødrene Bergh** (p. 100) in Oslo has been a successful enterprise for years. In addition, the cafés in modern theatre or museum buildings tend to present a rather classic and reserved appearance just like the surrounding building itself.

In other cafés a relationship with the history of the building or the surroundings is created, for example in the **Boliche Bar** (p. 57) in Barcelona, which was formerly a bowling alley and still reveals bowling alley elements. In the café **Eisenstein** (p. 124) in Hamburg the constructional elements and flair of the former ship propeller factory have become part of an everday, artistic experience. In the **Blaue Ente** (p. 144) in Zürich an enormous wheel in the middle of the room recalls the former mill. **Rose's Café** (p. 116) in Florence seems to evoke the medieval darkness of the building and the street — a subtle way of alluding to the historical surroundings. In some cafés there have been attempts to create an artificial patina of age. Wall surfaces have been changed with a great deal of technical effort, in order to create a surface that looks used or even medieval. These tchniques give an illusion of depth to the surface and evoke historical associations. Of course, the idea of imitating old constructional and decorative elements and using them to create a particular mood is not new in the gastronomical branch. However, the new techniques are very exciting and often contrast effectively with modern design, as is the case in **Stella** (p. 80) in Stuttgart as well as in **Freud** (p. 62) in London. An exciting trend is Emise en scene architecture, which only appears to exist or to have existed. It creates fascinating spatial forms and almost theatrical worlds. In Oakland in the **Lakeside Delikatessen** (p. 72) the architects present the illusion of an old Roman building with frescos and a fountain, in order to underline the identity of the owner with the Italian tradition. Even in the English shopping centre **The Pavilions** (p. 74) in Uxbridge an arrangement of ruin-like structural elements imitate ostensible relics from the past in a make-believe garden. In the Stuttgart Café **Stella** (p. 80) the architectural design creates the impression of a piazza — almost the illusion of a vacation in southern climes right next to a major traffic artery.

Architects have similar ulterior motives when they insert different architectural elements into an existing architectural scheme, thus producing a subtly deceptive interplay of illusions between the interior and the exterior - as seen in **Café Milano** (p. 112) and in **Cody's Café** (p. 54), both of which are located in Berkeley, California. Without doubt, the most extensive use of this technique is evident in the Japanese example **La Costa D** (p. 134), where a completely new architectural landscape has been implanted into an extensive, anonymous, commercial building. With the aid of glass pavilions, various seating areas and the suggestion of fences, a stylized garden landscape with lighting and water effects has been created. The result is very unusual for a restaurant.

I have always thought that the world of illusion is more likely to be found in retail design, where the customer enters a stage in order to experience another world and slip into another rôle. Apparently, the same is true of cafés.

The manager of the Swiss Lipp Brasseries, Anton Jaeger, is fully convinced that an emotional message is emitted by the optical impression of a pub's premises: "Whoever comes through the door wants to step onto a stage. Gastronomy must always see itself as a theatrical production. The guest does not only come to dine, but also to forget his everyday routine and to experience a change of scene and of rôle."

Whoever runs a café or a bistro nowadays must be imaginative. In addition to a gastronomical reputation, the cultural function can be underlined by vernissages, live music and theatrical performances, besides the ubiquitous newspapers and reading rooms. Entertainment and fun have been a part of coffeehouse culture from the very beginning. As entertainment attractions card games, tarots, chess and above all billiards, which used to be popular, have given way to blaring juke boxes and whining slot machines with some remaining billiard tables. Monitors for daily television broadcasts and video films are also becoming more prevalent. A real media spectacle is presented in the new cult sites of contemporary style and sociability — the bars, discotheques and night clubs from Japan to Italy, from Spain to America. The **Epsylon** (p. 210) in Reggio Emilia is an example of this kind of neoromantic theatre with special effects and stage magic. In their bars, the Japanese designers have a partiality for design as an action trip and do not even shrink from political horror visions in their decorating schemes. The theatrical luxury is reminiscent of the opulence of the

belle époque era at the end of the last century. During that period 'Maxime's' in Paris, Josef Hoffmann's 'Fledermaus' cabaret and 'Adolf Loos' 'American Bar' were created and the Russian style revolutionaries declared the Moscow artists' café 'Poetov' to be a work of art.

Recourse to past eras is still a stylistic technique that is popular with designers. In the bar 'Hanoi' in Madrid the interior is reminiscent of a luxury ocean liner. In **Velvet** (p. 206) in Barcelona the Spaniard Arribas has conjured up the world of the fifties from a contemporary point of view. The mood of old cinema foyers and the velvet drapes of movie theatres, which are everywhere, make the night café an example of commemorative architecture.

A Retrospect

The question is: why do architects like using elements from the treasure trove of the past? Are there aesthetic reasons, as was the case in the post modern movement? Do they want to evoke associations with particular periods of style or with a particular image of what an old café should be? Admittedly, the use of familiar elements creates a certain degree of familiarity, perhaps even cosiness, and that is something that the coffeehouse has provided its guests with from the start. The first coffeehouses in the Near East, in which writers, viziers, cadis and merchants enjoyed the stimulating effects of coffee while engaging in games and conversation, are said to have existed as early as the fifteenth century. In the seventeenth century coffee arrived in Europe through colonization and trade. In 1625 there were already several coffeehouses in London. The assuredly most famous establishment, "Lloyd's Coffeehouse", developed into the modern insurance company. The conquest of India — and thus of tea — brought about the end of England's coffeehouses. They gradually changed into exclusive clubs to which women were not admitted, as in the oriental coffeehouses. Initially, women were also not admitted to European cafés, a situation which encouraged the development of so-called circles or ladies' coffee-parties among the upper classes. For the most part the coffeehouse was a gathering place for those who had enough time at their disposal and who were interested in the intellectual exchange of ideas. Many business people also came to the cafés, which evolved into a market for business and political news. In the nineteenth century the businessmen retreated into their offices. Ever more cafés became meeting places for conviviality, social contacts and diversion. Initially, they were predominantly found in the large cities of Europe, such as Marseille, Paris, Vienna, London, Leipzig, Rome and Venice. The oldest German café is said to be the 'Caffee-Baum' (Coffee Tree) in Leipzig, in which the intellectual elite of music and literature used to congregate. One of the very old coffeehouses, which was not particularly well-known, was the 'Café Schucan' in Münster; up until a year ago it was still a popular venue. Somewhat earlier, in 1647, in Venice the first café under the arcades of the Piazza San Marco opened — the predecessor of the famous 'Café Florian'.

According to legend, Vienna owes its first coffeehouse to the sword of the Polish king Sobieski, who liberated Vienna from the Turks in 1683. In their headlong flight they left a vast quantity of sacks of coffee behind. The Hungarian Kolschitzky, who spoke Turkish, reconnoitered in the camp of the enemy and found out about their plans of attack. Out of gratitude he was rewarded with the coffee booty and subsequently opened Vienna's first coffeehouse, 'Zur Blauen Flasche' (Blue Bottle).

The Viennese Coffeehouse

Cultural history frequently creates the impression that cafés were always exquisitely appointed salons for the bored intellectual elite. In reality, at the outset, they were mostly simple, wooden booths run by Armenians and Moroccans. Of the 2,000 cafés of Paris in the seventeenth and eighteenth centuries most evolved from simple taverns, in which hot coffee, food and also alcohol were served. Especially in the densely populated large cities, these cafés were the only possibility for many people of warming themselves with a hot coffee and a simple meal, because their flats were too small to cook in. It is well known that Vienna's coffeehouse culture is, to a large extent, also a result of precarious living conditions. The coffeehouses provided artists and writers, above all, with their only possibility of working undisturbed and in warmth, of receiving their mail, telephoning and welcoming friends as well as potential patrons in "appropriate surroundings". The café became a familiar 'ersatz' home to all those who had no family connections or home in the city. Besides artists and members of the liberal professions, many members of the military, unmarried employees, civil servants and idlers of all sorts frequented the cafés. In contrast to the café in the Romanic countries, the coffeehouse existed in all of the countries of the Austrian-Hungarian monarchy. The same traditions were alive in cities such as Prague, Budapest and Vienna. However, the true artists' and writers' café was only to be found in Vienna. Unquestionably, these special coffeehouses only achieved such renown, because so much was written about them.

There are countless anecdotes and stories about all the artists, belletrists, politicians and actors. Even then, the 'in' circles only frequented certain specific coffeehouses, which were inaccessible for many. Some writers habitually went to the same café for decades and penned their letters, articles, books and novels. For every vocation there was a special coffeehouse: from the hackney coachmen to the stock exchange speculators, the jurists, the politicians, the theatre people, the musicians, the artists and the belletrists. Since the establishment of the **Café Griensteidl** in 1847 political winds buffeted the young Viennese intellectuals. **Café Daum** was a frequent haunt of the traditionalists. Alfred Polgar said of the **Café Central**: "The Café Central is really not a coffeehouse like any other, but a view of the world, the central tenet of which is not to observe the world." The visual artists sat in the **Café Sperl** as well as in the **Café Museum**, which was built by Adolf Loos. The newspaper 'Wiener Rundschau' wrote about the latter café: "What have we gained with this café? A great deal. For it demonstrates that simplicity and refinement have one source — clarity. It dispenses with everything which is at all dispensable. It does not only show how usefulness is inherent in beauty, but also how beauty is inherent in usefulness."

Compared to all those Viennese coffeehouses which looked more like richly furnished, upholstered parlours, the **Café Museum** was relatively spartan. Perhaps it was the first really modern café. Its supporters made allowances for the fact that there was at least one room with pictures by the American graphic artist Gibson.

With the exception of this café, the architecture of the Viennese coffeehouses is not written about frequently. There is more information to be gleaned about life in the cafés: about the waiter, who knew all of the patrons and their individual preferences to a T, about the seated cashier behind her buffet, where she not only operated the till but also served alcohol. In some café bars in France and also in Italy there is still a small cash register beside the bar today (i.e. **Café Italia**' in Florence (p. 119).

Wherever possible, the café in Vienna and the surrounding area spilled out onto the sidewalk, the forecourt or into the garden. Even in the Viennese amusement park, the Prater, there were numerous garden cafés, without which Johann Strauß might never have achieved renown.

Back to the present: the Viennese coffeehouse no longer exists. There are concrete reasons for this loss. Friedrich Torberg, himself a longtime café belletrist, declares: " … It is because of the social upheavals, the commercialization of our existence and the encroachment of technology. It is because they all no longer have time. Having time at one's disposal is the basic prerequisite for any kind of coffeehouse culture." Torberg is probably right. Even artists and the self-employed no longer frequent cafés as often, because living conditions and the status of artists and the self-employed have changed. For some the café is still a place of sanctuary, but for most it is nothing more than a meeting place.

However, there are also other reasons, of an economic nature. As early as 1920 many coffeehouses were forced to close and make way for bank branches. Ten years later this process reversed itself and the cafés moved back in again. In the sixties and the seventies there were similar trends, not only in Austria, but also in Switzerland and in Germany.

Let us refocus our attention on the twenties. Whereas in Vienna many cafés were closing, in France, for example, completely new forms of cafés were developing. Doubtlessly, the most significant example with regard to architecture is the 'Café Aubette' in Strasbourg, which was designed by Theo Van Doesburg in 1926 completely in accordance with the principles of the 'De Stijl' Group. Diagonally placed colour surfaces cover the walls and the ceiling of the entire room. The art deco cafés of this period are also unusual. Simple, geometric and elegant rooms with generously proportioned, sweeping bars and back lit walls abound, as do ornately decorated interiors.

The Cafés and Bistros of Paris

Let us examine the French café which, besides the Viennese coffeehouse, is unquestionably regarded as the model for contemporary, modern cafés. We do not associate the comfort and cosiness of Viennese coffeehouses with the French café, but rather the theatrical element of seeing and being seen.

Paris is not Vienna. Even the plethora of names for cafés is confusing: who can make head or tail of the café, bistro and brasserie, the drugstore, pub and salon de thé? Historically the café was the first on the scene. In 1680 coffee was introduced by a Turkish ambassador and was served by the Armenian Pascal on a trial basis. His employee, the Sicilian Procopio Cultelli, established the **Procope** on the spot where it still stands: on the Rue de l'Ancienne Comédie in the heart of Saint Germain. He served beverages, which were exotic at the time, such as coffee, hot chocolate and tea, and hired cabaret shows that were popular in the city. Thus, he developed a type of café that imitated the refined salons of the rich with regard to content and style. The **Procope** was a large room with tables and chairs or benches, wide mirrors on the walls, lavishly and tastefully decorated — a decided contrast to the taverns of that time. The ornate interior decoration with quantities of marble and ornamental plasterwork were relics from an elegantly appointed former bathhouse. The round cashier counter at the centre of the room became a bar in the twentieth century. The 'Procope' was widely imitated. Particularly in the eighteenth century many positively opulent cafés came into being. The nineteenth century saw the birth of the simpler version for the growing proletariat — the bistro. The exact origin of the word is unknown. According to legend, it may have originated with the Russian cosacks who came to Paris in 1814 after the defeat of Napoleon but were not admitted to the cafés. When they did manage to sneak in unnoticed, they exclaimed, 'Bistro! Bistro!' (Quick! Quick!) when placing their orders. The simple Parisians, by contrast, naturally took their time to exchange the latest news or gossip and engage in animated debate.

The brasserie was more of a restaurant-pub in the German style. The décor was simple; waitresses served the customers, whereas in cafés the service was entirely in male hands.

The latest descendents of the coffeehouse family originated in the Anglo-Saxon countries. When the first drugstore in Europe opened in Paris in 1965, there was an outcry of indignation about such cultural colonization. The pub has also remained a plush imitation of the original. The salon de thé, which now exists in many countries, is basically comparable to the typical German confectionary café. The cafeteria, in the form of a selfservice restaurant, and the café bar also originated in America. As everywhere, these categories are not clearly defined and competition is prevalent.

Whereas the cafés in many European countries were increasingly doomed to extinction after the Second World War, the cafés of France continued to survive as they always had.

When the large boulevards with their wide sidewalks were created in Paris, the cafés spilled out onto the street. These terrace cafés provided the perfect place to enjoy the theatre of the street and to appear in public.

Wherever people discuss current events, the main topic is usually politics. What better place is there to criticize politics and lambaste politicians than a café? "The café is the parliament of the people", was Balzac's definition. But the times when politics were made in the cafés or exiled politicians met there are long gone. The intellectuals and the artists can probably be grouped in with the actors and politicians. In all likelihood, they spent the largest amount of time in the cafés, chiefly in order to assure each other of their own significance. Sartre, for example, did most of his work in cafés, without which existentialism might never have been born.

Hemingway's books would probably not have been written if not for the French cafés. In his memoirs he writes, "I could always sit down in a café to write and spend an entire morning working and sipping a café créme, while the waiter busied himself with cleaning and sweeping the room, which gradually became warmer."

The former café splendour of Paris with its intellectual flair has long since disappeared. An annually awarded prize for literature is the only reminder of the old times in **Deux Magots**. In the **Closerie des Lilas**, a former postal relay station named for lilac bushes which no longer exist, the customer is impressed by the tiny brass plaques from A (Apollinaire) to W (Wilde) that bear witness to the famous guests who used to frequent the premises.

Many authors captured the mood of their favourite haunt on paper. Guy de Maupassant, who was very ill, penned the following: "And they ordered wine to kill time and to kill life, which passed with such agonizing slowness."

The New World of Cafés

Today, café stories are a thing of the past — as in Vienna. But cafés and bistros still exist — on every street corner in French cities and on every village square in the country, no matter if in France, Italy, Spain or Greece. Many look like they have always been there, and they are pulsing with life. One of them, for example, is 'Le Roquet' at the corner of Boulevard St. Germain and Rue de Saint Pères. The décor and furnishings are clearly from the fifties, with neon lines on the ceiling and thick cast aluminum at the counter. This is not a place to sit, but rather to lean at the counter, like at an Italian espresso bar, and have a draft beer, wine or coffee, before going back to business. The furnishings are plain. The bustle and activity of people determine the mood.

There have actually been no really new developments in the genre 'café' in subseqent years. In Germany, as well, the last attempts at a new coffeehouse culture were made in the fifties. At that time afternoon cafés evolved as extensions of confectioneries and bakeries. There were also concert and dance cafés with a large clear space in the middle and a gallery around the edge.

The sixties and the seventies were also not a time for new cafés. For the older segment of the population confectionary cafés, ice cafés and local pubs remained the preferred meeting places. The younger clientele retreated to certain habitual haunts and, for the most part, faceless cafés, which apparently provided their customers with the familiarity that they needed.

In the eighties a new generation came of age, financially well off, but emotionally insecure. Loss of individuality and isolation brought about a strong longing for mutuality, individuality and originality with a distinct architectural and design idiom. By means of quotation, irony and synthesis, this idiom draws on history and the present in its search for a new cultural form.

This period was characterized by the development of truly new cafés in various countries. Two well-known establishments that have been publicized frequently in professional journals are **Café Costes** and **Café Beaubourg** in Paris. Philippe Starck, the designer of **Café Costes** described it as follows: "It is beautiful and sad like the buffet in the railway station in Prague." The colours and materials actually do recall the sombre familiarity of a railway station restaurant, and the large clock at the end of the staircase on the upper floor with a glazed roof over it make the impression perfect.

The **Café Beaubourg** by Christian de Portzamparc is completely different. At first glance, it recalls the large dance cafés of the fifties with their galleries and curving staircases. The owner, Gilbert Costes, gave an interview, in which he discussed some of the special features of the café. Influenced by large cafés and brasseries, he envisaged a spacious interior, in which the customer is swallowed up in the crowd and yet can still observe the activity around him. This effect is only possible, if the entire café has a certain identity. In effect, that certain something is the architecture, which has a strongly characteristic personality that must constantly be kept young.

That is precisely the difference between the new cafés and the old. The latter were or still are so popular because they never changed but stayed the same for decades. All that changed were furnishing details — and of course the customers.

Café Patrons

According to the managers, the clientele that frequents the new designer cafés and bistros consists predominantly of younger people between the ages of 18 and 45. Naturally, there are also cafés that are patronized by older customers. The owners of **Maddalena Loveburger** (p. 128) in Prato are proud to point out that the oldest customers in the city come to them. In the Viennese **Kiang** (p. 140) there are also patrons of around 70 who are regular customers. Similarly, the decidedly international 'in' clientele of the **Blaue Ente** (p. 144) in Zürich varies between 18 and 80 of age. They come for the simple reason that the service, cuisine and architecture combine to give the customer a memorable experience.

Admittedly, the active and young at heart 'old fogies' of today are quick to adopt the behaviour patterns of the younger generation. However, the young are more likely to be responsive and really fond of experimenting. In addition, they are known to be consumers with a pronounced propensity toward hedonism and narcissism. Spoiled since early childhood, their main focus of interest is on themselves and their own needs. In addition, they are impatient. Desires must be fulfilled quickly; their thirst for thrills and adventure must be slated. Thus, it is not surprising that these customers only enjoy something if it is enhanced by sensory experience, because multiplicity of sensation means quality of life. This new sensuousness and a conspicuous thirst for thrills are just as evident when shopping as when patronizing a café or a restaurant. Obviously, the quality and presentation of the cuisine is just as important as the design of the interior.

The customer of today sounds as if he wants to have everything: an excellent meal preferably prepared before his very eyes, fresh and natural whole foods appetizingly arranged on small buffets, to which he can help himself according to appetite and taste. But that is not enough. The room itself must be an experience. Background music - appropriate to the respective target group — should neutralize any irritating noises, whether from the other patrons or from the street. The light level must neither be too bright and thus suggestive of fast food restaurants nor too subdued as in the neighbourhood beer parlour. The lighting effects should be slightly theatrical, a 'mise en scène' where everyone can show himself to his best advantage. It goes without saying that the whole must be designed with style and proper architectural form, or perhaps with a story in mind in the manner of a stage set. Of course, if the architecture does not provide enough excitement, then there at least has to be a live musical or theatrical performance — or perhaps a talk show?

The Modern Café — a Touch of Theatre and Stage

The examples demonstrate how much show dominates our cult sites — café, bistro, etc. Just the profusion of names indicates the diversity: café, bistro, bistretto, restro, brasserie, bistrorante, coffeehouse, etc. Their archetypes can be found in the Viennese coffeehouse, the French café or bistro — and in recent years — also in the futuristically oriented bistro bars of Barcelona, Tokyo and New York.

With respect to organization, many cafés are modelled after high quality American fast food businesses. Psychologically, they tend to be more unaffected. The customers can come at any time, alone or in company. They can eat and drink, seated or standing. They can talk or allow themselves to be entertained. They can meet someone or be alone, see and be seen — just as was always possible in cafés.

Especially in large cities the standard of these meeting places is of great importance. Big-city customers feel that they are something special. They come to a café looking for like-minded people, if only just to re-affirm their own self-image. The clientele varies and becomes more diversified depending on the city area, size or time of day. Café architecture with all its related and special forms has also become more varied. Because of the growth of the cities, the concentration of jobs in the inner cities and the increasing distance between the work place and the home these meeting places have changed in order to fulfil several functions. Just the demand for a quick meal or a snack has grown perceptibly. Consequently, the café and bistro business has been providing light meals at any time of the day for many years.

The numerous examples in this book clearly demonstrate that the old functions of the café still have some significance. Catch phrases such as 'communicational gastronomy' and 'meeting place gastronomy' reveal that it is not only the gastronomy business that has changed. Architecture and design, as well, must find new answers for the customer who has become so exacting and so varied in his behaviour, that the creation of a café or a bistro is a true challenge for the manager as well as for the architect. Café and bistro architecture is a theatrical presentation aimed at giving the customer a taste of vacation from everyday life and encouraging him to forget and enjoy.

I hope you will feel free to spend a few pleasurable hours — in the new cafés and bistros.

1 Cafés und Konditoreicafés
Cafés and Confectioneries

Café Diva, Köln (s. S. 50)

Architekt: Arno Grünberger, Wien

Wer im **Café Con-zert** sitzt, kann auf die Wiener Eislauf-
bahn blicken, einen kleinen „Braunen" trinken und
dabei den Schwüngen der Eisläufer zusehen.
Dem Schwung der Eisbahn folgt auch die Form des
Cafés. Materialien und Formgebung sind fantastische
Assoziationen zur eiskalten Bahn, auf der jung und alt
ihre Sprünge und Pirouetten üben. Den kalten Materialien wie Stahl, Marmor, Fliesen stehen warme Rottöne
an den Wänden und an der Bar gegenüber. So wird
dem Besucher trotz Eis und Kälte ganz warm. Nicht nur
die Rot- und Türkistöne sind gern verwendete Materialien des Design-Künstlers, sondern auch marmorierte
Oberflächen wie der Bodenbelag Marmoleum von
Forbo-Contel und der Thekenkranz für Flaschen und
Gläser sowie die Barauflage mit Glasplatte, die eigens
von einem Künstler marmoriert wurden. Der Besitzer
des „Eis"-Cafés identifiziert sich total mit dem Projekt. Es
hat etwas von der Atmosphäre italienischer Bars, in
denen man gern an der Theke steht, einen Espresso
trinkt und dem Treiben um sich herum zuschaut.

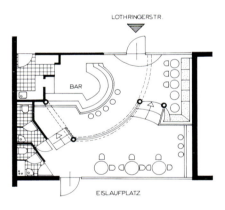

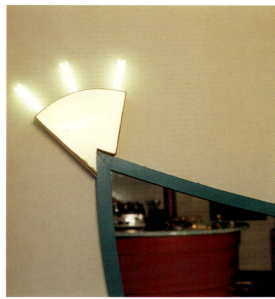

Café Con-zert, Vienna, A

The seating accomodation in **Café Con-zert** permits a view of the Vienna ice skating rink. The customer can watch the sweeping motions of the skaters while nipping at a Viennese specialty coffee. The shape of the café corresponds with the curve of the skating rink. In addition, the materials and design evoke phantastic associations with the frozen skating surface on which young and old practise their jumps and pirouettes. Cold materials, such as steel, marble and tiles, contrast with warm shades of red on the walls and on the bar opposite. Thus, a feeling of warmth is created in spite of the ice and cold. The design artist has not only an evident preference for shades of red and turquoise, but also for marbleized surfaces, evidenced by the Marmoleum floor covering by Forbo-Contel, the cornice canopy for bottles and glasses above the counter and the bar top, which consists of a glass slab that was custom marbleized by an artist. The owner of the "ice" café identifies with the project completely. It exudes something of the atmosphere of Italian bars, where the customers enjoy standing at the bar and drinking an espresso while observing the activity all around.

Architekten: Ace Architects, Oakland

Es ist ein besonderes italienisches Talent, das Gewöhnliche als etwas Archetypisches zu interpretieren, wenn es darum geht, den sinnlichen Gehalt von Alltagsdingen und Erfahrungen herauszustellen. Auf diese Weise erscheint ein gewöhnlicher Platz lebendig, sogar dramatisch. Die Umwandlung geschieht manchmal per Vereinfachung, Übertreibung, auch Beschwörung – manchmal mit theatralischem Verkaufsgehabe.

Beim **Café Figaro** verwendeten die Architekten wenigstens drei dieser Stilmittel, um eine Szene aufzubauen für Eis und Espresso.

Figaro ist als eine Landschaft von Archetypen zu verstehen – mit Obelisken, palladinischen Wänden, italienischer Flagge, weißen Stühlen und Tischen. Diese Ansammlung wird wiederholt in zwei langen, gegenüberliegenden Spiegeln. Und so wird der schmale Raum zum Traum einer Piazza. Wie in einem Traum ist diese Piazza plötzlich archetypisch, weil sie aus solchen Formen besteht, und sie ist auch real, weil sie bewohnt wird. Sie ist mysteriös, weil so wenig von ihr erkannt werden kann, und so offensichtlich, weil doch so viel von ihr zu sehen ist. Träume übersetzen die Realität, erhöhen oder unterdrücken den Alltag – aber immer in lebendiger Form. Genauso überträgt das **Figaro** eine Piazza, beschwört eine Landschaft und beschwört die Metamorphose von Espresso und Eis in die „Idee" von Kaffee und einem Ereignis aus Schokolade, Erdbeer und Vanille. Das Drama wird aus der Transformation geboren – ob im Theater oder im Café. Im **Figaro** wird diese Umwelt auf einen alltäglichen Platz verlegt – das Drama aus dem Alltäglichen gestaltet.

Café Figaro, Oakland, USA

The Italians have a special talent for interpreting the ordinary as something archetypal and for creating drama out of commonplace ingredients. Their techniques include simplification, exaggeration, incantation and sometimes theatrical salesmanship. The **ice café Figaro** is a narrow room with obelisks, Palladian walls, the Italian flag, white chairs and tables. Two long, facing mirrors reflect the scene endlessly to create the impression of a piazza: archetypal like a dream and yet animated; mysterious because it is inaccessible; manifest because so much of it is visible. Dreams interpret reality, enhance and suppress the everyday. Thus **Figaro** transposes a piazza and evokes the metamorphosis of ice cream and coffee.

Architekten: Enrico Baleri, Baleri Ass., Mailand

In einer ruhigen, grünen Gegend Zürichs, nahe der Kunstschule, gab es in einem Haus aus den Anfängen des Jahrhunderts im Erdgeschoß eine Bar und eine Diskothek. Ganz symmetrisch waren diese zu beiden Seiten eines breiten Treppenhauses gelegen. Nun wurde die Nutzung verändert. Aus der Diskothek wurde eine Tanzschule und aus der Bar ein Eiscafé, übrigens das erste einer geplanten Franchising-Serie.

Das **De Carlo** ist heute ein Platz, wo sich junge Leute in gepflegter Umgebung zum Plaudern treffen, meist aus dem Quartier oder aus der Kunstschule. Dank einer großen, gekrümmten Spiegelwand im Verbindungsgang zwischen Tanzschule ud Eiscafé können die Cafébesucher auch noch beobachten, was in der Tanzschule passiert, an Übungsstunden oder Shows teilhaben.

Diese Spiegelwand funktioniert für beide Bereiche wie ein Bildschirm der Illusionen.

Eine Treppe ins Untergeschoß trennt das Eiscafé in zwei Bereiche: den Eisverkauf mit Verkaufstheke und den ruhigeren Bereich mit Tischchen und Stühlen. Halbmondförmig sind diese entlang der Treppe bis zur Spiegelwand aufgebaut. Besonders beliebte Plätze sind die Bänke am Fenster, von wo aus man direkt zum Fluß hinunter schauen kann.

In den Materialien ist das gesamte Café auf das Thema Eis und Verkauf abgestimmt: hellgraue Marmorplatten im Bereich des Eisverkaufs, weiße, glatt verputzte Wände. In einem kühlen Grau sind Theke und Decke gehalten. Eine große weiße, liegende Kuh

schaut als Wandplastik auf das „eisige" Geschehen hinunter. Unter den Tischchen und Stühlen wechselt der Boden in feinen, geschliffenen Kieselboden, etwas dunkler und wärmer im Ton. Ganz italienisch strahlt die glänzend rote Café-Bar mit dahinterliegender Küche in den Raum hinein. Zierliche Halogenlampen tanzen über den Tischchen. Erhaben sind dagegen fast raumhohe „Baumlampen" neben der Treppe aufgebaut. Ihre Schirme erinnern an Sahnehäubchen. Neben ihrer abschirmenden Funktion sind sie sogar noch praktische Kleiderständer.

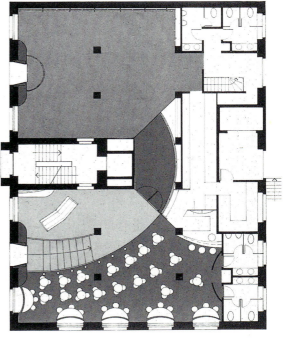

Ice Café De Carlo, Zurich, CH

In a quiet area of Zurich close to the School of Art a discotheque and a bar have been transformed into a dancing school cum ice café — the first in a series of franchises. De Carlo is an elegant meeting place for young people. A curved wall of mirrors between the two areas serves as a picture screen on which the customers can watch the activites in the café or in the dancing school. A staircase leading to the lower level divides the café into two separate areas: the ice cream counter and the quiet crescent-shaped seating area. The window seats with a view of the river are popular. The materials underline the theme — ice: light grey marble floors, smooth white walls for the ice cream sales area, counter and ceiling in grey. A smoothly sanded pebble floor extends under the tables. The red café bar has an Italian flair. Delicate halogen lamps dance above the tables. Contrast is provided by the imposing white "tree" lamps beside the staircase which function as screens as well as coat stands.

Architekt: Nenad Fabijanić, Zagreb

Das kleine Konditorei-Café **Orijent** gibt es seit etwa 50 Jahren. Einmal hieß es „Blaue Konditorei". Aber immer war es in der Erinnerung der Gäste ein Laden mit 1001 kleinen Dingen, die der Besitzer stilvoll zu einer ungewöhnlichen Ausstattung zusammengetragen hatte.

Die neue Gestaltung bezieht sich nicht direkt auf das Wort **Orient**, sondern auf unsere Vorstellung davon: die Idee des Luxus, des Reichtums, Überflusses, Glanzes und Glitzers. All das ist in neuen Materialien und Formen übersetzt worden und gipfelt im Leuchtstoffbogen am Eingang. Der lange, schmale Raum hat auch die Funktion bestimmt: die Vitrinen zeigen zur Straße. Direkt um die Ecke ist der breite Eingangsbereich mit den Kühltheken. Ganz symmetrisch sind an den beiden Längsseiten die Verzehrplätze aufgereiht, streng eingebunden in ein modulares Wandsystem. Das Raffinierte liegt nicht nur in der Schlichtheit, auch in den

Materialien wie Marmor aus Carrara, graues Holz, Spiegel, weißes und gesandstrahltes Glas und brasilianischer Quarz. Im hinteren Teil des Raumes führt dieses geometrische Wandsystem zu einem quer in den Raum gestellten hohen Spiegel, über dem eine Porzellanfigur prangt: „Das Licht des Mondes", ein Symbol des Cafés.

Originell ist die seitliche, verstellbare Beleuchtung über den Tischchen, die exakt in das System eingebunden ist. Lediglich die Thonet-Hocker erinnern an die Eleganz mitteleuropäischer Cafés. Die diskrete Farbgebung läßt ein bißchen das „Blau" ahnen, ähnlich wie Alice im Wunderland die Welt hinter dem Spiegel entdeckt.

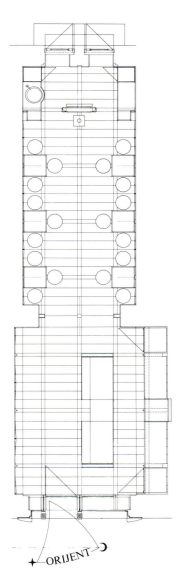

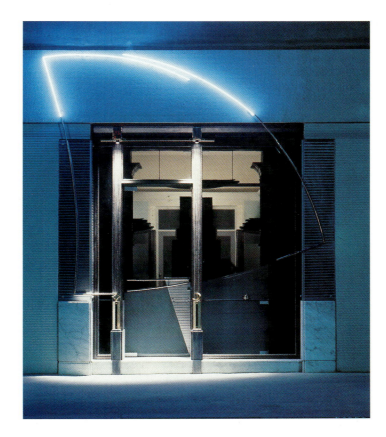

Confectionery and Café Orijent, Zagreb, CRO

For fifty years this confectionery cum café was a shop with a thousand and one unusual objects, collected and displayed with style. The design of the new **Orijent** is more determined by our conception of the "Orient": luxury, wealth, glamour and glitter rendered in new materials and shapes, and culminating in the fluorescent arch over the entrance. The confectionery sales area with refrigeration units is located immediately inside the wide entrance. The seating arrangements along both sides of the long narrow interior are strictly symmetrical, in accordance with the modular wall system. The simplicity and the materials, such as marble, grey wood, mirrors, glass and Brazilian quartz, are sophisticated. At the back of the room a porcelain crescent moon symbolizing the café surmounts a large mirror — "Moonlight". The adjustable lighting fixtures above the tables are ingenious. Only the stools recall the typical Middle European café.

Architekten: Designo AG, Basel

Seit ca. 50 Jahren ist das Familienunternehmen Bachmann schon in Basel ansässig. Diese Konditorei mit Café am Bahnhof sollte der 3. Stützpunkt in der Stadt werden, und „es soll etwas Einmaliges werden, etwas, das sich von den bestehenden Confiserien in der Schweiz abhebt".

Ein „gemietligs Kaffi" im herkömmlichen Sinne ist es nicht geworden. Eher ein modernes, fast italienisch anmutendes Café. Erster Eindruck: alles auf Hochglanz poliert, aber gemütlich. Aus spiegelndem Chromnickelstahl sind das geschwungene Vordach und die beiden Säulen am Eingang mit der Original-Bahnhofsuhr dazwischen, um auf die Nähe zum Bahnhof hinzuweisen; glänzend sind auch die Schaufensteranlage, die Verkaufskorpusse, die Stühle und Barhocker. Die Wände hinter der Verkaufstheke wurden mit stilisierten „Alpenreliefs" aus Spiegelglas verziert – ein Motiv, das sich abgewandelt noch in den sehr schön gestalteten Toiletten wiederholt. Das Interieur ist von einer eher zurückhaltenden Eleganz in Weiß bis Schwarz gehalten. Für den Boden wurde schwarzer Granit aus Norwegen und Uruguay verwendet, der glänzt, als sei er Marmor. Auf Granitstreifen zieht sich die geschwungene Bar mit 15 Sitzplätzen ins Café hinüber. Hier haben noch einmal 25 Gäste Platz. Alles ist nach Schweizer Art perfekt durchgearbeitet. Selbst die übrigen Räume wie das Office hinter dem Café, die Personal- und Vorbereitungsräume im Obergeschoß, die Lager und Tiefkühlräume, die Lüftungs- und Kälteanlage mit Wärmerückgewinnung und die Toiletten im Untergeschoß konnten in die Gesamtgestaltung einbezogen werden. „Von der Kanalisation bis zum Kaffeelöffel" durften die Architekten Hand anlegen. Das ist schon eine seltene Möglichkeit. In nur 72 Arbeitstagen wurde dieses Umbauprogramm bewältigt. Obgleich das Café eher für den eiligen Reisenden gedacht ist, der allerdings hier gern eine Stunde auf den nächsten Zug wartet, hat es auch seine Stammgäste und sogar Gäste, die von weit her kommen, um schon am frühen Morgen ihren „Zmorgen-Gipfel" oder die weltberühmten „Schoggiweggli" zu bestellen. Hier ist alles hausgemacht, auch wenn das Gebäck vom Hauptgeschäft an der Schifflände in Basel kommt: die erstklassigen Pralinés, die Leckerli bis hin zum Quiche Lorraine, Käskuechli oder Obstkuchen. Ein Café, das täglich geöffnet hat bis um 18.30 Uhr.

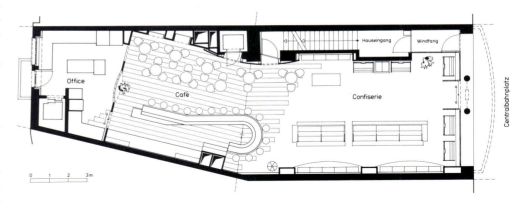

Sweet Shop and Café Bachmann, Basel, CH

The third branch of this fifty year old family business in Basel was to be different from the traditional, comfortably cosy cafés. The result is an almost Italian ambience with quantities of chrome and lustre: the curved canopy and the two pillars at the entrance with a railway station clock inbetween, the window display and the furnishings, the stylized relief of the Alps in mirrored glass behind the sales counter. The interior colour scheme is muted, ranging from white to black. The bar, with seating for fifteen, extends across the gleaming black stripes of the granite flooring to the café where twenty-five more guests can be seated. All the other rooms have been planned with the same Swiss perfection — from the refrigeration system and the restrooms to the offices. The architects completed the renovation project in only seventy-two days. The traveller feels just as at home here as the regular customer who comes from a distance. Everything is homemade, from the pralines and the quiche Lorraine to the fruit tortes. Unfortunately, it closes at 6.30 pm.

Architekt: Kanji Ueki, Casappo + Ass., Tokio

1922 gingen Herr und Frau Juchheim von Deutschland nach Yokohama und eröffneten dort ihr erstes Konditorei-Geschäft – spezialisiert auf deutsche Backwaren, speziell aber Biskuitgebäck. Ende der 80er Jahre wagte das Unternehmen den Schritt ins Restaurantgeschäft.

Einen geeigneten Standort fand es im Untergeschoß der neuerbauten Tsuda-Hall gegenüber der Sundagaya-Station in Tokio. Die Tsuda-Hall, entworfen von dem Architekten Fumihiko Maki, wurde zum 40. Jahrestag der Tsuda-Schule gebaut. Die neue Halle hat jetzt beides: Schuleinrichtungen und Konferenzräume. Im Untergeschoß ist nun das Konditorei-Restaurant von **Juchheim's** untergebracht. Es liegt direkt unter der Lounge im Erdgeschoß und hat Zugang zum Seitenausgang an der Ostseite des Gebäudes. Durch die Glastür des Seiteneingangs kann man das gesamte Laden- und Restaurantgeschehen beobachten.

Hier drinnen gibt es auch ein Brot- und Biskuitgeschäft mit Bäckerei, welche vom Laden aus gesehen werden kann. Das Brotgeschäft ist immer voller Kunden und sorgt schon deshalb für eine sehr lebendige Atmosphäre. Im Geschäft kann der Kunde bereits an einer Speise- und Getränketheke konsumieren. Hinter diesem Bereich liegen Café und Restaurant. Vom Design her wurde der Versuch unternommen, das Gefühl einer 60 Jahre alten Backtradition zu vermitteln. So wurden Materialien und Formen ausgewählt, die eine ruhige Atmosphäre erzeugen. Künstlicher Marmorboden liegt im Laden und im Café, im Restaurant dagegen ein Holzboden. Im Kontrast dazu wurde viel Edelstahl verwendet, um ein neues Umfeld innerhalb einer konservativen Atmosphäre anzudeuten. Die vorhandene Konstruktion des Hauses wurde durch verschiedene Konfigurationen aus dem Gleichgewicht gebracht: da ist die gebogene Polster-Rückwand hinter der Tischreihe genauso zu nennen wie die abgehängte Decke mit den Kreisausschnitten, aus denen die Glaskegel herausleuchten. Es sind Spiegel und Lichtfelder an der Decke vor der Theke. Nun ist die Architektur des Gebäudes sehr schlicht. Um so mehr überrascht die Architektur des Restaurants.

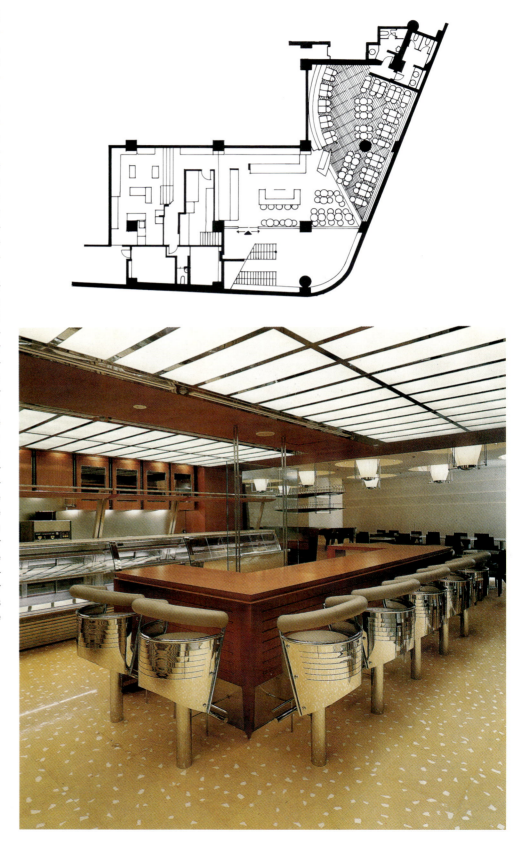

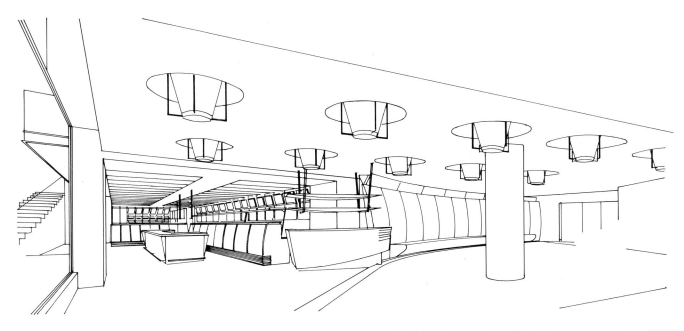

Juchheim's Café and Confectionery, Tokio, J

In 1922 the Juchheims emigrated from Germany. They opened their first confectionery with German baked goods, especially sponge cakes, in Yokohama. In 1989 they launched into the restaurant business with a confectionery shop in the lower level of the new Tsuda Hall, which was built for events on the occasion of the fortieth anniversary of the Tsuda School. There is an unimpeded view of the bakery from the bread and sponge cake shop. A food and beverage counter is located in the shop, which is always a scene of activity. In the area behind it is the café restaurant. Here the design aims at conveying the sixty years of baking tradition. Artificial marble has been used as a flooring in the shop and the café; dark wooden floors characterize the restaurant. Contrast is provided by the liberal use of stainless steel, which evokes new surroundings in a conservative atmosphere. The simple architecture of the building is counterpointed with new configurations: particular focal points in the tranquil, unusual atmosphere are the curved upholstered rear wall and the suspended ceiling with glass cones.

Architekt: Jiří Špaček, Prag

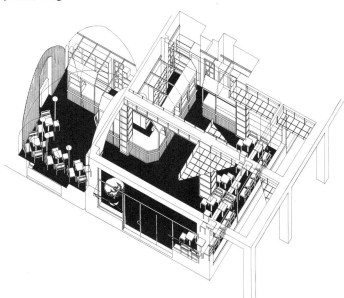

Dieses Geschäft gibt es schon seit 1966. Im gotischen Nachbarhaus bekam es in den 80er Jahren im Erdgeschoß und im Souterrain weitere Räume hinzu.

Im gotischen Hausteil beleuchten Stehleuchten das Kreuzgewölbe und lassen das Licht sanft die Wände herunterfließen. Der andere Hausteil wird durch ein markantes rotes Lichtraster bestimmt, das über Decken und Stützen in die Außenarkaden übergeht. Lackierte Stahlmöbel unterstreichen die Kühle dieser Gestaltung, die mit der Lichtdecke und dem Steinboden den Eindruck eines Cafés im Freien vermittelt. In den letzten Jahren wurden organisch geformte Wandplastiken der Künstler Oriesek und Vachtova auf die hochglänzenden Wandflächen aufgebracht, um dem veränderten Zeitgefühl Rechnung zu tragen. Dieses weitläufige Conditorei-Café wird von einem breiten Kundenkreis besucht.

1987 wurde für den Eisverkauf noch ein Fenster zusammen mit dem Bildhauer Zipp umgestaltet.

Confectionery – Café Perlová, Prague, CS

This business has existed since 1966. In the eighties the premises were enlarged by several rooms from the adjacent gothic building. Here, floor lamps illuminate the ribbed vault. The section in the other building is characterized by a red lighting grid which extends across the ceilings and supports and merges with the exterior arcades. Lacquered steel furniture, the ceiling lighting and the stone flooring evoke a cool atmosphere more similar to an outdoor ice cream salon than a café in the old tradition. Wall sculptures by the artist Oriesek and Vachtova alleviate the austerity and are heralds of a new era. In 1987 a window was remodelled with the collaboration of the sculptor Zipp to accomodate the sale of ice cream.

Architekten: Designo AG, Basel

Direkt neben der alten, gediegenen Confiserie Pellmont an der Freien Straße befand sich ein kleiner
Tabakladen. Als der Raum frei wurde, entstand die
Idee, für eilige Stadtkunden und die Angestellten der
umliegenden Banken und Versicherungen ein Mini-
Café zu realisieren. Nur durch eine Glastür getrennt
entstand so eine reizvolle Wechselbeziehung zwischen der alten Konditorei mit Raffgardinen und Kron-
leuchter an der Decke und einem modernen Stadtcafé.
Der neugeschaffene Treffpunkt mit der kleinen Bar und
zwei Tischchen lebt von einigen verspielten Lichtelementen einerseits und einem funktionell perfekt
gestalteten Arbeitsplatz für die beiden selbständig
agierenden Töchter des Hauses Pellmont andererseits.
Ein guter Hintergrund für einen inspirierenden Viertel-
stundplausch bei Kaffee, einem Snack mit selbstge-
machten Köstlichkeiten oder Eis.

Cafés and Confectioneries

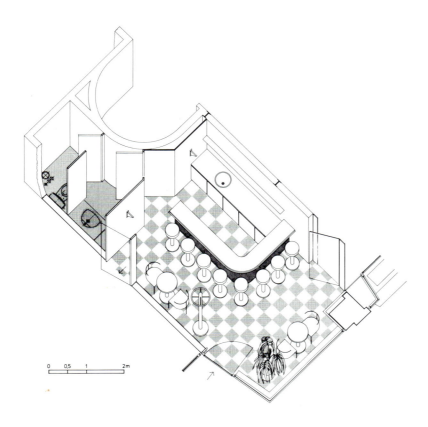

Café Pellmont, Basel, CH

A small tobacconist's shop was located directly adjacent to the old, elegant **Pellmont Sweet Shop** on the Freie Strasse. When the premises became available, the idea for a mini-café catering to the city customer in a hurry and the employees of the surrounding banks and insurance companies was born. Only separated by a glass door, the old confectionery shop with its pulled back curtains and chandeliers and the new, modern city café have a fascinating reciprocal relationship. The newly created meeting place with its small bar and two tables is animated on the one hand by several imaginative lighting elements and on the other by a completely functional and well-planned work space, at which the two Pellmont daughters can work independently. The resulting interior is an excellent background for an inspiring chat over coffee or a snack with homemade delicacies or ice cream.

Architekt: Jiří Špaček, Prag

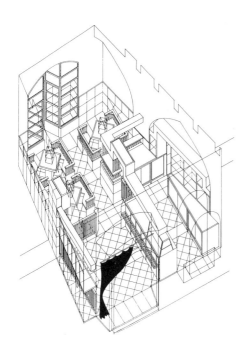

In diesem historischen Gebäude mit reizvollen Gewölbedecken standen nur 15 m² für ein Café zur Verfügung. Durch eine streng durchgehaltene Gestaltung des gesamten Raumes wurden hier 20 Plätze und eine Minibar untergebracht. Das Design entspricht der baulichen Umgebung. Es sind nur etwa zehn Schritte zum Altstädterplatz. Direkt gegenüber liegt das Geburtshaus von Franz Kafka. Es kommen vorwiegend Studenten hierher, die hier preiswert Kaffee trinken können.

Die Grundmaterialien im Raum sind zwei verschiedene Marmorarten, schwarz gebeizte Eiche für Tische und Bänke und speziell angefertigte Messingleuchten für Wände und Tische. Das Café hat in seiner Schlichtheit fast einen sakralen Charakter. Von besonderem Reiz ist der hintere Ausgang, der von hohen Glasvitrinen mit Pflanzen umrahmt wird. Wenn man bedenkt, daß dieses Café noch vor der politischen Wende der ČSFR entstand, in einer Zeit, in der 40 Jahre lang die reiche Tradition der Caféhäuser fast vernichtet wurde, so ist dies ein Beispiel dafür, wie unter großer Anstrengung versucht wurde, eine neue Form zu finden.

Confectionery and Café Bílý Jelínek, Prague, CS

In this historical building with attractive vaulted ceilings there were only twenty-five square metres available for a café. By adhering to a consequent plan of design throughout the room it was possible to accomodate twenty seats and a mini-bar. The design correlates with the architectural surroundings: it is only ten steps to the Altstädter Square; the house where Franz Kafka was born is directly opposite. The café is predominantly frequented by students who are attracted by the non-exorbitant prices for a cup of coffee. The basic materials used in the simply appointed interior are two varieties of marble, black stained oak for the tables and benches and custom-made brass lighting fixtures for the walls and the tables. The rear exit is attractively framed by tall glass cases full of plants.

Gestaltung: Pit Böhmke, Heidelberg

Mitten in der Altstadt von Heidelberg – nur wenige Minuten vom Neckar entfernt – liegt dieses Café, das immer eines war. Mit wenigen Elementen hat der Inhaber es zu einem beliebten Treffpunkt für Touristen und einheimische Gäste gemacht. Gemalter Marmor an den Wandsockeln täuscht kostbare Materialien vor. Illusionen sind auch die riesigen Deckengemälde, auf denen vor tiefblauem Himmel nackte Männer schweben, deren Speere Leuchtstoffröhren sind.

Sitzplätze auf der Ebene und auf Podesten wechseln sich ab mit einer großen Couch im Eckpunkt des L-förmigen Raumes. Mittelpunkt ist ohne Zweifel die große Theke, überhöht durch zwei Neonbögen. An der Rückwand des beleuchteten Glasregals rieselt ständig Wasser herunter – eine Idee, zu der den Inhaber die Herrentoiletten des Café **Costes** in Paris von Philippe Starck inspiriert haben.

Café Schöneck, Heidelberg, D

This café, which has always been a café, is located in the centre of the oldest part of Heidelberg — only a few minutes from the Neckar River. With a minimum of elements the owner has made it a popular place to meet for tourists and local customers. A painted marble finish on the wainscotting gives the impression of costly materials. The huge ceiling paintings, in which nude men with spears — which are really fluorescent lamps — seem to float in a deep blue sky, are also illusions. The seating on the main level and on raised platforms alternate with a large couch at the corner intersection of the L-shaped room. The main focal point is without doubt the large counter, surmounted by a curved neon canopy. Water continuously trickles down the back wall of the illuminated glass shelf — the owner's inspiration for this idea was the men's restroom in the Café Costes by Philippe Starck in Paris.

Architekten: RolfundRolf Design, Köln

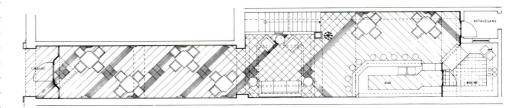

Dieses Stadt-Café entstand in einer Toreinfahrt mit Hinterhofcharakter – ohne Energieversorgung, Entwässerung und Überdachung. Im direkten Umfeld gab es mehrere kleine, gesichtslose Cafés. Dieses hier sollte eigenwillig und besonders sein, auffallen – so wie eine Diva, kein modischer Gag, sondern eine ungewöhnliche Persönlichkeit sein. Diese dokumentiert sich in diesem Café vor allem in sorgsam abgestimmten, kostbaren Materialien wie Marmor, Holz, Lack, Glas und Chrom in einem Farbspiel von Blau- und Grüntönen und der Grundfarbe Weiß.

Aus der raumweitenden Bodendiagonale „wachsen" Wandelemente mit Spiegeln und Lichtfächern, die dem Raum eine elegante Stimmung verleihen.

Der Fächer der „Diva" taucht noch einmal in der Regalwand des Barbereichs auf. Und auf der Thekenwand lebt in veränderter Form noch einmal die Silhouette der Wandverkleidung auf.

Nach dem langen schmalen Gastraum erfährt dieser Bereich eine besondere Erhöhung durch das schräge Glasdach. Direkt neben der Bartheke kann der Gast einen Blick in die Küche werfen und bei der Zubereitung der kleinen Köstlichkeiten zusehen.

Café Diva, Cologne, D

This café was created in an alleyway with inner city courtyard character — no energy source, no drainage system, no roofing. In the immediate surroundings there were several small, faceless cafés. This one was to be something individualistic and special — like a diva. This is now evident in the carefully co-ordinated materials such as marble, wood, lacquer, glass and chrome in shades of blue and green. Wall elements consisting of mirrors and light fans seem to "grow" out of the diagonal stripes on the floor. The fan of the diva appears again in the shelf behind the bar area. The narrow customer area ends in a bright room with a slanting glazed roof. The quiet bar area has been located here and provides a view of the kitchen.

Architekt: Pavel Zverina, München

Café Art liegt im Zentrum Münchens zwischen Isartor- und Marienplatz. Fußnah entfernt ist das Hofbräuhaus und der berühmte Viktualienmarkt. Aber ein Café für Touristen ist es eigentlich gar nicht, mehr für ein junges, studentisches Publikum, das der Kunstszene nahesteht. So hat denn dieses Café-Bistro auch eine sehr eigene Architektursprache erhalten. Der Architekt spricht von einem Beispiel „symbiotischer Architektur", bei der zwei unterschiedliche Architekturformen eine Symbiose eingehen: die eine ist die geometrische, rationale Form, die andere die fantasievolle, ungeordnete, freie Form. Beide treffen hier aufeinander, beeinflussen sich und finden zu einer neuen Gesamtform. Sie verhalten sich dabei wie der Mensch, der auch beide Bedürfnisse in sich trägt: den Wunsch nach Ordnung und den nach Freiheit. Solch einen Formengedanken gerade für ein Café zu verwenden, scheint folgerichtig. Ist doch gerade dieser Ort geprägt von seiner funktionellen Bestimmtheit auf der einen Seite und der Ungezwungenheit der Menschen auf der anderen Seite. Gerade an diesem Treffpunkt wünscht man sich die Freiheit der Fantasie besonders.

Bereits die Fassade spielt dieses Thema an: ein geschwungener Türgriff ist die erste wirkliche Möglichkeit, diese Architekturform zu erfahren. Flügelartig, aus einem gerasterten Baustahlgewebe wird der Portikus nach beiden Seiten markiert. Das Signet des Cafés sitzt in einer räumlichen Stahlstruktur, die sich in der Thekenform noch einmal fortsetzt. Ein strenges, geometrisches Deckenraster bestimmt den Raum, gespalten von einer freien Form bis hin zum Raumende. Die geschwungene, abgehängte Beleuchtungsschiene wiederholt diese Spalte auf einer anderen Ebene. Die kubische Theke scheint die angedeuteten Stahleinbauten auseinanderzutreiben, sie von der Raumachse wegzuschieben. Die Tische folgen dieser Bewegung, einer scheint wellenartig auseinandergeschnitten zu sein.

Weitere „symbiotische" Raumelemente sind die Pendeltür zur Küche, die Viertelsäule mit Maske am Abgang, zwei Wolkenkratzermodelle auf den Tischen im Schaufenster. In Bildern an den Seitenwänden des Raumes setzt sich das Thema fort.

Das Café ist nüchtern und verspielt, hell und dunkel zugleich. Und gar mancher, der hier sitzt, ob allein oder mit anderen, wird die Zwiespältigkeit seines Wesens und Lebens durch die auffallende Formensprache des Raumes sich ins Bewußtsein rufen.

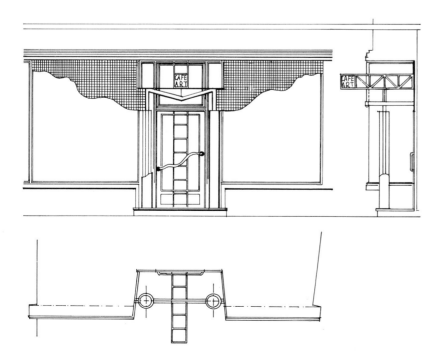

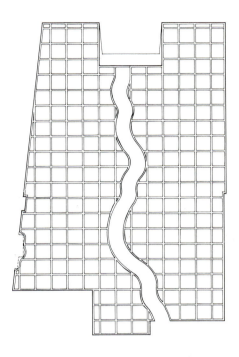

Café Art, Munich, D

This café is situated in the centre of Munich not far from the Hofbräuhaus. It is frequented by students and young people from the art scene. Thus, the café-bistro has a very individual architectural idiom. Two different architectural shapes have achieved a symbiosis: geometric rational design is inextricably united with imaginative free form design. These two architectural directions seem to correspond to the contradictory aspects of human character. This type of architecture is the ideal choice for a meeting place such as this: it invites the interaction between the function of the room and the phantasy of the visitor. The door handle introduces the theme. Constructional steel grids in wing-like shapes accent the entrance. A structural steel sculpture extends into the interior. The ceiling grid, which is split by a freeform gap, dominates the room. The lighting track echoes this movement. The counter seems to explode out of the stylized built-in steel units, as do the tables. The conflicting nature of the room with regard to form and atmosphere is evident in countless details. The receptive customer may become aware of the various facets of his own character.

Architekten: David Baker + Ass., San Francisco

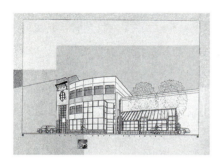

Fred Cody ist der Buchhändler mit dem wohl umfassendsten Buchsortiment des ganzen Westens der Vereinigten Staaten. In Berkeley ließ er sich von David Baker eine Erweiterung des vorhandenen Gebäudes bauen, die ein Ensemble aus mehreren Gebäudetypen umfaßt: direkt an das alte Gebäude lehnt sich ein langes, niedriges Glashaus, in dessen letztem Segment an der Ecke ein Blumenhändler untergebracht ist. Vom Glashaus aus kann man in den Buchladen und in das zweigeschossige Café nebenan schauen. Die weiße, gewölbte Fassade mit traditionellen Fenstern ist in der Basis unten unterbrochen und ruht wie ein Erker auf einem Glaskasten, der mit seiner Rundung den Besucher sanft nach innen führt. Ein schmaler Treppen- und Aufzugturm daneben erschließt das Cody-Building.

Der bunte Formenwirrwarr deutet auf eine Architektur jenseits von klassischen Architekturauffassungen. Und der Architekt, David Baker, der noch in funktionaler, klassischer Tradition erzogen wurde, sieht seine Architektur auch viel mehr von der Pop-Musik beeinflußt. „Wenn die Gruppe Hüsk Dü ihre „Eight Miles High" mit voller Energie losläßt, ist es fast zum Umkippen – aber das passiert nicht." Für ihn ist Architektur eine Gratwanderung zwischen Ordnung und Chaos. Ihn reizt viel mehr, Bruch- oder Teilstücke von Architekturformen zusammenzufügen, als eine Architektur in einem Guß zu machen, die nahtlos, glatt und vielleicht langweilig ist. Und das ist seine Architektur durchaus nicht.

In **Cody's Café** hat man das Gefühl, als sei das weiße Piano riesengroß geworden und wolle den Raum sprengen. Aber es ist plötzlich nicht mehr weitergewachsen. Eine Treppe mit einem kleinen Zwischenpodest führt auf die Empore der Pianoebene. Pianofüße aus schwarz gebeiztem Holz leuchten wie Fackeln die Ebene von unten an. Auf einem weiß-grau-schwarz gemusterten Kunststoff-Boden stehen einfache Tische mit Thonetstühlen. Eine Szenerie, die fast schon an billige Filme erinnert. Der Boden begleitet die Stufen an der Wand entlang nach oben. Von besonderem Reiz sind die abgetreppten Eingänge zu kleinen Separées mit Lederbänken an der Längsseite des Cafés. Die Lampen über den Eingängen erinnern irgendwie an das Haifischflossen-Design der Cadillacs aus den 50er Jahren. Aber so ganz ist man sich nicht sicher: sind es die 50er Jahre mit der Pianowelle und dem Bodendesign oder erinnert es mehr an ein Zusammentreffen von Konstantin Melnikow mit Adolf Loos aus den 20er Jahren?

Ein bißchen Kunst, ein bißchen Kitsch, ein bißchen Pop – doch die berühmte Gratwanderung, von der der Architekt sprach.

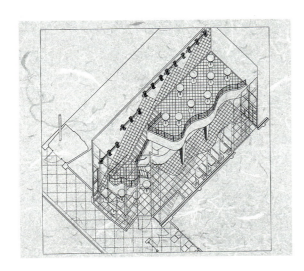

Cody's Café, Berkeley, USA

Cody's Café is part of a group of several types of buildings housing Fred Cody's bookstore, which is probably the most well stocked retail bookstore in the entire Western United States. From the glassed in area at the front the customer has a view of the bookstore and of the café with its curved, white façade. A narrow staircase and elevator tower provide access to the Cody complex. The diversity of forms testifies to an architectural design beyond classical categories. It is more influenced by pop music, for example the music of the group Hüsk Dü, which is so highly charged that it seems to be on the brink of chaos. As in this music, the architect sees his architecture as a balancing act between chaos and order. In **Cody's Café** a gigantic grand piano seems about to burst out of the interior. The black legs illuminate the upper level from below like torches. Thonet chairs stand on the checkerboard synthetic flooring which continues upwards along the wall. The lamps above the alcoves along the side are reminiscent of the Cadillacs of the fifties. Or could it be the twenties design of Melnikow or Loos? A touch of art, a touch of kitsch, a touch of pop — quite a balancing act indeed.

Cody's Café, Berkeley.
Pianofüße aus schwarz gebeiztem
Holz leuchten wie Fackeln

Architekt: Jordi Gali, Barcelona

Bar Boliche heißt soviel wie „Kegelspiel", und tatsächlich war in den 50er Jahren in der **Bar Boliche** einmal eine der ältesten Kegelbahnen Barcelonas.

Bar Boliche ist im Herzen der Stadt gelegen an der berühmten Avenida Diagonal. Damals wie heute ist es einer der beliebtesten Treffpunkte in der Stadt.

Nun sind gerade in den letzten zehn Jahren unzählige Cafés und Bars in Barcelona aus dem Boden geschossen. Doch kaum eines hat sich so interessant mit seiner historischen Tradition auseinandergesetzt wie die **Bar Boliche.** Offenbar war die alte Kegelbahn sehr schön gewesen. Als der Pächter José Ramin umbauen wollte, suchte er nach einer Lösung, das moderne Design mit der Geschichte zu verbinden.

In Jordi Gali fand er einen Architekten, der bereits mit dem „Miramelindo" auf sich aufmerksam gemacht hatte. Hinter dem eleganten Eingang der **Bar Boliche** – einem großen Glasschirm, der etwas an Art Deco,

etwas an die 50er Jahre erinnert – beginnt der Barraum mit der langen Theke auf der rechten Seite. Sie ist schlicht, aus Holz und statisch, ganz anders als die gegenüberliegende Wand, an der alles schwingt. Vor der gewellten Wand wiederholt eine lange Lederbank sinuskurvenartig die Form des Guell Parks in Barcelona. Die Spiegel und Wände mit dem schweren blauen Samtvorhang erzählen von einer anderen Zeit. Besonders schön sind noch die alten Glasvitrinen mit breiten Rahmen, die nicht nur die Speisekarte, sondern auch freche, grafische Dekorationen zeigen. Der Bodenbelag wurde von der alten Kegelbahn übernommen: ganz und gar in Holz gemacht, einschließlich der Platteneinlagen vor der Bartheke und des Mittelteils auf dem erhöhten Teil der Bar, der zur Kegelbahn führt. Das einzige Moderne in der **Bar Boliche** ist das automatische System, um die Kegel anzuheben, was ursprünglich von Hand gemacht wurde. Denn noch immer ist

Bar Boliche, Barcelona

Boliche eine Kegelbahn. Wenn auch nur zur einen Hälfte. Die andere Hälfte ist die Café-Bar, die den ganzen Tag von einem sehr unterschiedlichen Publikum besucht wird. **Bar Boliche** ist ein moderner Schauplatz mit alten Zufälligkeiten – Repräsentant einer alten und neuen Epoche.

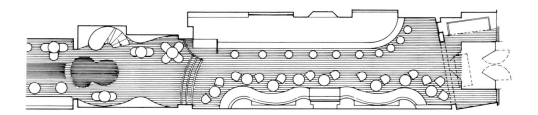

Boliche Bar, Barcelona, E

In the fifties the **Boliche Bar** was one of the oldest bowling alleys in Barcelona and one of the most popular and most attractive places to meet on the great Avenida Diagonal. The leaseholder Jose Ramon wanted a remodelling solution that would combine history with modern design. The glass entrance is partly reminiscent of art deco, partly of the style of the fifties. Beyond the entrance is the bar area with a long wooden counter on the right side — simple and linear. The opposite wall has been treated in a completely different way. The gentle curve of the wall is emphasized by the long leather bench that imitates the sine curve form of Guell Park in Barcelona. The mirrors and the heavy blue velvet curtain are quotes from another time. Saucy graphic art is displayed in the old glass cases. Just as in the old bowling alley the flooring consists of wood with wooden inlays. The only modern element is the pin setting mechanism for the still functioning bowling alley in the room next to the café. **Bar Boliche** is a modern interior with a coincidental touch of age — a representative of old and modern times.

Architekt: Herbert Simon, Hiltersdorf

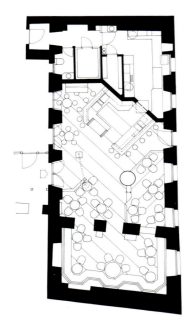

In ländlichen Bereichen verändern sich Treffpunkte, um auch der jüngeren Generation einen Platz zu geben, wo sie sich gerne aufhalten, Kaffee trinken, mit anderen zusammen sind. Amberg ist eine mittelgroße Stadt in der Oberpfalz. Vorhandene Gaststätten und Cafés sind überwiegend derb und konventionell aufgebaut. **Le Café** sollte für ein jüngeres, anspruchsvolles Publikum sein. In einem ehemaligen Eisenwarenlager, angebunden an einen schönen, zentral gelegenen Innenhof, fand es einen großzügigen Rahmen.

Die weißen Wände mit Bogen-Durchgängen tragen noch Industriecharakter und erinnern somit an die alte Nutzung, ebenso der Hartbetonboden, poliert und mit Aluminiumstreifen eingelegt. Auch sonst gibt sich das Café eher kühl und sachlich. Farbe taucht nur in den Neonschriften und an der Litfaßsäule auf, die anstelle von Zeitungen über wichtige kulturelle Ereignisse der

Stadt informiert. Gespielt wird in diesem Café mit Licht: eine teilweise hinterleuchtete Glasdecke gibt dem Raum Flair und neue Proportionen, der Gläserschrank wird zum Lichtobjekt, und eine Schreibtischleuchte ragt überdimensional in den Raum hinein. Eher luxuriös erinnern die Fledermausstühle von Josef Hoffmann an städtische Café-Traditionen. Besonders reizvoll an diesem Insider-Treff aber ist der Innenhof, der bei guter Jahreszeit ein beliebter Platz nicht nur für die Jungen ist.

Le Café, Amberg, D

Amberg is a medium sized town in the Upper Palatinate. **Le Café** is aimed at a young, design-oriented clientele. A former hardware storehouse with a centrally placed inner court was a suitable location. The white walls with arched openings and the concrete floor with aluminum strips still recall the former functions of the building. The atmosphere is still functional. The only colour is provided by the neon lettering and the posters about cultural events on the advertising pillar. The backlit glass ceiling, the iluminated glassware cupboard and the oversized desklamp create a fascinating interaction of light. However, the most popular aspect of this insider meeting place is the lush atrium garden.

2 Cafés und Läden
Cafés and Shops

Café Buchhandlung
Hugendubel,
Frankfurt/M. (s. S. 68)

Architekt: Basil Smith, London

Ein ungewöhnlicher City-Treff in London ist David Freud's Designladen mit Café, zu dem man in die Unterwelt hinabsteigen muß: rauhe Stahlsäulen, matte, grün-schwarze Schieferplatten und verputzte Wände mit einer verschwommenen Farbigkeit – eine höhlenartige Atmosphäre. Im Erdgeschoß gibt es, eher künstlerisch, kurioses Design: nostalgische Ventilatoren aus Indien, Avantgarde-Mode, kühne Leuchten und ein Möbelprogramm nach Entwürfen von Charles Rennie Mackintosh. Das Ganze wird von einer Caryatide des Künstlers Tim Southall überwacht. Die ursprüngliche Idee war, klassische Möbel preiswert anzubieten oder moderne, die für eine Serie geeignet schienen. Die Möbel, die heute in Freud's Designladen stehen, werden von einem Dr. der Forstwirtschaft in Schottland hergestellt, der einen eigenen Eichenwald, ein Sägewerk, Trockenöfen und eine Schreinerei besitzt. Die Stühle, die er hier nach Entwürfen von Mackintosh baut, waren einmal für eine Massenproduktion gedacht gewesen, sind aber nie gebaut worden. Es sind einfache Stühle ohne besondere Details. Der Dr. in Schottland hat schon genug damit zu tun, für die erforderliche Maserung die richtige Eiche zu finden. Als der Architekt Basil Smith mit diesem Café-Laden betraut wurde, war er gerade 26 Jahre alt und galt als einer der Aufsteiger der Biennale von Venedig 1985. In den Räumen des Ladens war früher eine italienische Café-Bar untergebracht. Unter vielen Vinylschichten traten unerwartete Dinge zutage: alte Eisensäulen und sogar ein Oberlicht in der Decke. Basil Smith sollte für Laden und Café eine Identität entwickeln, die ein großes Designpublikum anzieht. Die Mackintosh-Stühle inspirierten den Architekten, die strengen, geraden Linien aufzunehmen und die Oberflächen auf den Raum zu übersetzen. Viele Experimente waren erforderlich, um die Wandoberflächen mittelalterlich und modern aussehen zu lassen. Für die richtige Raumhöhe im Café im Untergeschoß mußte noch drei Fuß tief ausgeschachtet werden. Und prompt gab es auch Probleme mit der Treppe und der Baubehörde. So entstand die Betontreppe und damit die Idee, eine Betontreppe als Regal im Laden zu verwenden. Im Untergeschoß hingegen wurde daraus eine Steinbank, die um die Ecke führt. Auf ihr stehen schwarze Bakelittelefone wie in einem alten Film. Von ihnen aus kann man Gespräche mit der Dame oder dem Herrn am Nebentisch führen, oder auch mit der Familie oder Geschäftspartnern. Selbst das Telefonsystem hat noch seine eigene Geschichte: es wurde von dem telefonbegeisterten Oxforder Philosophieprofessor John Simopoulos entwickelt, dem Iris Murdock den Roman „The Bell" gewidmet hat. Alle Möbel im Café – einschließlich der Unterwasserlampen – wurden von Jasper Startup und Basil Smith entworfen und können im Laden gekauft werden.

Das Café hat sich als die Experimentierbühne für neue Designstücke erwiesen: es gab mal einen Stuhl mit Gummibezug, an dem alle neurotischen Designkunden herumpuhlten, während sie sprachen. Der Stuhl ging noch einmal zum Zeichentisch zurück. Alle Serienmöbel, die David Freud hier anbietet, sind preiswert und verkaufen sich schnell. Vor allem können die Möbel auch gleich mitgenommen werden.

Auch für den Schriftzug hat der Architekt lange recherchiert. Aus unzähligen Schrifttypen wurde schließlich eine aus dem Jahr 1523 gewählt, die Ludovico Vincentino entwickelt hatte. Aus diesem Alphabet wurde der Firmenname herausgebildet.

„Wirklich gute Dinge üben eine universelle Zugkraft aus", sinniert der Architekt und weiß, daß die, die oben Möbel kaufen, und die, die unten im Café darüber sprechen, noch nicht das gleiche Publikum sind.

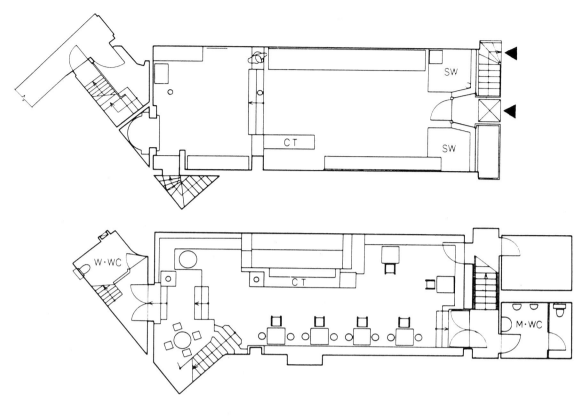

Freud's Café, London, GB

One of the more unusual in-places to meet in London is **David Freud's Design Shop** with its cellar café: roughened steel pillars, greenish black slate floors and cement walls with a pseudo-medieval mottled surface create a cave-like atmosphere. The designs available in the shop are artistic and eccentric: Indian fans, daring fashion, lamps, furniture according to designs by Mackintosh — the whole watched over by a caryatid by the artist Tim Southall. The idea of selling classical or modern furniture at reasonable prices on a cash-and-carry basis has been a success. A doctor of forestry with his own oak forest and sawmill manufactures the simple Mackintosh design furniture. The architect Basil Smith was just twenty-six years old, a runner-up in the Venice Biennale 1985, when he was chosen to create an identity for **Freud's Café and Shop.** The former trattoria presented some attractive structural aspects but also problems with regard to the height of the rooms and stairways. The Mackintosh chairs inspired Smith to transfer the linearity of form and the surface structure to the room. The step motif is evident in both rooms: it serves as a display surface for objects and as a seating bench with small tables and black Bakelite telephones. All of the furniture and lamps in the café were designed by Jasper Startup and Basel Smith and are for sale in the shop. In the meantime the café has become the scene of experimentation for new design pieces. Great care was taken with details, such as the lettering. which is based on a typeface from 1523 by Ludovico Vincentino. "Really well made things achieve a universal appeal," affirms Smith.

Architekt: Gunter Seidel, Wiesbaden

Schon seit längerem gibt es Diskussionen über attraktivere Kundenhallen in Banken, um mehr Kundennähe zu erreichen. Wechselausstellungen gibt es fast überall, und auch die starren Beratungsbereiche werden zunehmend aufgelöst. Die Wiesbadener Volksbank wollte einen Teil ihrer Kassenhalle zu einem Informationszentrum für Wertpapiere umgestalten. In einer bequemen Sitzzone sollte der Kunde die Möglichkeit erhalten, etwas über Geldanlagemöglichkeiten, Börsengeschehen und Bankinformationen zu erfahren. Gleichzeitig sollte aber auch ein unverbindliches Gespräch mit einem Wertpapierberater möglich sein. Über einem 6 × 12 m langen Durchgangsflur wurde die massive Betondecke aufgeschnitten und eine Glaspyramide daraufgesetzt, um mehr Licht zu bekommen. Für eine bessere Verbindung zur Schalterhalle wurde der Lese-und Sitzbereich in diese hineingeschoben. Zwei Edelstahlsäulen und eine interessante Treppe führen zu diesem hin. Stehtische und eine Kaffee- und Safttheke in der mittleren Zone laden zum zwanglosen Gespräch ein. An einem Computerterminal kann sich der Kunde selbst über Satelliten-Funk in das Börsengeschehen in Tokio, Frankfurt und New York einschalten. Im dritten Bereich finden Verkaufsgespräche statt. An einer großen Multivisionswand und einem Fernsehbildschirm erfährt der Kunde Börsenkurse, aktuelle Bankinformationen der Fernsehsender. Ein strenges Raster gliedert die drei Funktionsbereiche und verdeckt zugleich Stützen und Träger. Weißer Hochglanzlack steht hier neben grau lasiertem und lackiertem Vogelaugenahorn-Holz. Ungewöhnlich dürfte dazu auch der Parkettboden in Buche mit eingelegten Edelstahllisenen sein. „Erlebnis-Banking" nennen die Architekten diese Lösung, die dem Kunden mehr Selbständigkeit, mehr Information und mehr Nähe zur Bank selbst bringen soll.

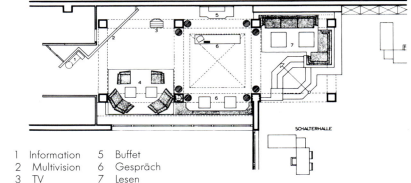

1 Information	5 Buffet
2 Multivision	6 Gespräch
3 TV	7 Lesen
4 Verkaufen	

Börsentreff, Wiesbaden, D

In the "Volksbank" in Wiesbaden an investment information centre has been created in a section of the main customer hall. The concrete ceiling above a long corridor was removed and replaced by a glass pyramid to improve the lighting conditions. The seating and reading area was shifted slightly into the central hall. Two stainless steel columns and an interesting staircase attract attention to this area. High tables and a coffee and juice bar in the middle create a welcoming atmosphere for the customer who would like informal investment counselling. A computer terminal allows the customer to up-date his information about the international stock exchange trends. In a third area stock exchange quotations and banking information are accessible on television and multivision screens. A spatial grid organizes the various areas and incorporates the structural elements of the building. The materials are conducive to the banking atmosphere: white lacquer, stained birds'-eye maple, parquet floors with stainless steel inlay strips. This type of design solution is called "the banking experience": it makes the bank more approachable for the customer.

Architekten: Kotas, Pantaleoni, San Francisco

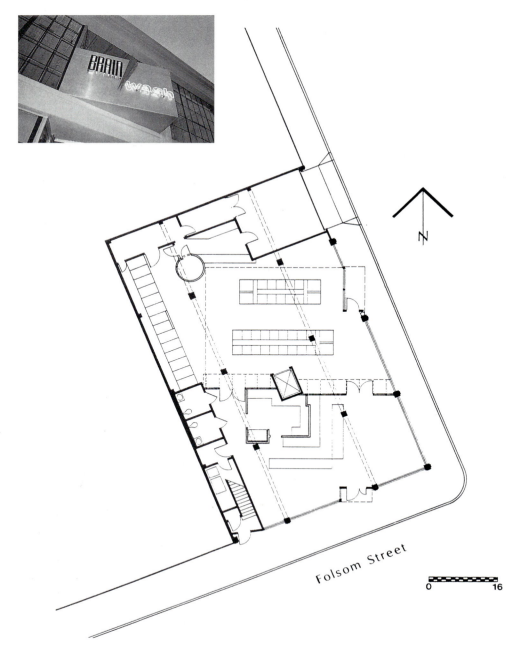

Folsom Street

0   16

Als die Eigentümerin zu den Architekten kam, kam sie gerade von der Baubehörde zurück mit dem Bescheid, das ehemalige Kaufhaus lasse sich nur in den Geschäftstyp Laden/Restaurant umwandeln, wenn zehn Parkplätze, nicht an der Straße gelegen, nachgewiesen würden. Das hätte große Probleme der Grundstücksnutzung mit sich gebracht. Nach langen Recherchen und Verhandlungen mit dem obersten Baufürsten fanden die Architekten heraus, daß das Gebäude ursprünglich eine Kosmetikfabrik gewesen war mit einer Auflage von nur zwei Zusatzparkplätzen. Das brachte die Lösung.

So entstand in der ehemaligen Fabrik mit ihren großen Industriefenstern ein Laundromat-Café – ein Waschsalon mit Café. Und das an einer guten Adresse in einem Gebiet, in dem Restaurants und Nachtbars zu Hause sind. Da beide Nutzungen – Waschsalon, Café – von beiden Straßenseiten dieses Eckhauses einsehbar und zugängig sein sollten, wurde eine Diagonallösung mit einer „internen" Straße entwickelt, die wie ein Schnitt durch die Hausecke geht. So sind nicht nur beide Bereiche verbunden, auch die Nachbarskinder können mit ihren Dreirädchen hier die „Abkürzung" fahren. Obskure Vorschriften des Gesundheitsamtes verlangten nach einer Trennwand. Um eine große Durchsichtigkeit zu erhalten, kam eine geneigte Glaswand ins Spiel, so auch das „Vorübergehende" andeutend. Waschsalon und Café erhielten temporäre Ausstattungsmaterialien, um die Verbindung zu demonstrieren: Oberflächen und Objekte sind einfach und industriell, manchmal ein bißchen verrückt und chic, metallische Materialien, eine seidige und rauhe Nebeneinanderstellung.

Das Café wurde ein wenig schwächer als der Waschsalon beleuchtet; hier Café-Atmosphäre, dort fluoreszierende Helligkeit des Waschsalons. **Brainwash** ist nicht nur eine originelle, sondern auch eine sehr praktische Einrichtung, das „Angenehme mit dem Nützlichen zu verbinden".

Café Laundromat Brainwash, San Francisco, USA

If this building had not been a cosmetics factory long ago - for which the building regulations required only two parking spaces in addition to curbside parking — the project could not have been realized. Thus, a laundromat-café has been created in the former factory with its large industrial windows: a launderette where the customer can also have a cup of coffee. The project is located in a quiet district with restaurants and all night bars. In order to have an entrance on both sides of the corner property a diagonal plan with an interior "street" was chosen: the "street" connects both areas and provides a convenient shortcut for the neighbourhood tricycle kids. The necessary dividing wall of glass was placed at a slanting angle to evoke provisional character. The materials used for the interior are temporary: surfaces and objects are simple and industrial, sometimes a little crazy and chic — a juxtaposition of metallic, silky or rough textures. The lighting in the café is slightly more subdued than in the dazzlingly bright laundromat. Brainwash is both original and practical.

Architekten: Stöter-Tillmann + Kaiser, München

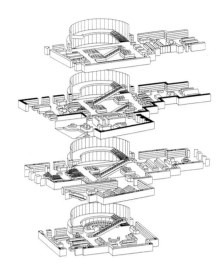

Wo einst sechs Metro-Kinos ihre Filme zeigten, werden nun auf vier Ebenen auf 4000 m² nur Bücher angeboten. Die Buchhandlung in Frankfurt/M. ist die 8. Buchhandlung des Unternehmers Heinrich Hugendubel und wohl auch die größte im deutschsprachigen Raum.

Umgeben von neun Buchhandelsbetrieben mitten im Zentrum dürften mit der Großbuchhandlung neue Maßstäbe für ein großstädtisches Buchhandelszentrum gesetzt worden sein.

Und auch im Innern setzt das Haus neue Maßstäbe: beherrschend ist ein großer, von einer Glaskuppel überwölbter Lichthof, der über alle Geschosse reicht, sie einsehbar und transparent macht. Er ist von sechs tragenden Betonpfeilern in Bayerisch-Blau umstellt. Sieben Leseinseln – halbrunde gepolsterte Sitzbänke – ragen in den Lichthof hinein, ebenfalls in den Kennfarben der Stockwerke Gelb, Rot, Blau und Grün nach unten abgestuft. An drei Seiten des Lichthofs grenzen Buchflächen an. Die vierte Seite verläuft im Halbrund als Lauftreppe, die im Untergeschoß die Café-Bar umschließt. In Stoßzeiten ist das Café randvoll, aber auch sonst ist es für Leseratten ein beliebter Rückzugsort: sei es an der dreiviertel-kreisrunden Stehtheke oder auf der halbrunden großen Polsterbank. Es ist ein hervorragender Treffpunkt innerhalb des Hauses, da das Café von allen Geschossen einsehbar ist. Die halbrunde Wand, die das Café umschließt, ist Präsentationswand mit wechselnden Buchthemen, aber vor allem malerischer Imageträger des Hauses. In jeder Etage erscheint riesengroß das Bildnis des Urgroßvaters Heinrich Hugendubel. Auf Anregung des jetzigen Firmeninhabers hat der Münchner Künstler M. Überschuß, der schon im Haus in Nürnberg und am Marienplatz in München seine malerischen Spuren hinterlassen hat, den Firmengründer in sieben Malweisen verewigt: Rembrandt kommt hier ebenso zum Zuge wie Picasso, Dali, van Gogh und Roy Lichtenstein – direkt neben dem Café: „Der Mann mit den Masern", wie die Kinder liebevoll zu ihm sagen wegen der vielen roten Punkte im Gesicht.

Die Wurzeln des Familienunternehmens gehen auch weit zurück. Schon im Jahr 1874 verlegte der Urgroßvater sein erstes Buch. Dem Schulbuchverlag folgte ein Buchgeschäft, das sich bald einen Namen als Buch- und Kunstantiquariat machte. 1961 folgte die erste große Filiale. Und nach Frankfurt sind weitere in Regensburg, Berlin und Wien geplant. Dabei ist der jetzige Firmenchef Heiner Hugendubel ein Mann, der mit Bedacht und Behutsamkeit Standort, Struktur und Sortiment untersucht, bevor er an eine neue Planung herangeht. Viel Erfahrung mit Büchern, Marktnähe und gute, intern geschulte Fachkräfte tragen zum Erfolg ebenso bei wie ein gutes Vertrauensverhältnis gegenüber Mitarbeitern und Geschäftspartnern, wodurch sich eine eigene Unternehmenskultur mit starken Bindungen entwickelt hat.

Ein breites Sortiment, großzügig angeboten mit vielen Servicebereichen, vom Wickelplatz über Kundengarderobe, Telefon, Toiletten, Papeterie mit Packplatz bis hin zum Café, machen die Buchhandlung zu einem kulturellen Treffpunkt. Und das ist wichtig, denn nach den Erfahrungen Heiner Hugendubels wird „das Buch eine zunehmende Rolle spielen .... Je mehr außenherum alles nivelliert wird, desto größer wird die Sehnsucht nach persönlichen Erlebnissen. Das Buch wird eine bedeutende Rolle nicht nur als Unterhaltung, sondern als Fluchtpunkt spielen."

Hugendubel Bookshop Café, Frankfurt/M., D

This building, which formerly contained six cinemas, now houses 4,000 square metres of books on four levels. The eighth and probably largest bookshop by the entrepreneur Hugendubel sets new standards with its city location, structure and architecture. The interior is dominated by a huge roof-lit atrium which provides an unimpeded view of all four levels. Upholstered reading areas in the key colours for each floor — yellow, red, blue and green — jut into the light-flooded space. Three sides of the light atrium accomodate book displays, while the fourth has been designed as a semicircular staircase which houses the café-bar on the lowest level. The café — with its round bar counter and its large upholstered bench — is a popular retreat and meeting place for bookworms. The semicircular wall is a display surface for presentations on varying book topics and

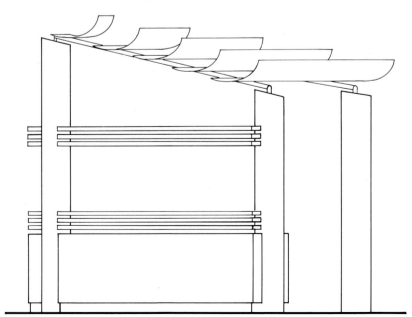

representations of the bookshop's image. On each floor there is a huge portrait of greatgrandfather Hugendubel, who published the firm's first book in 1874. The Munich artist M. Überschuß has immortalized him in seven different painting techniques — from Van Gogh to Roy Lichtenstein. The personality of the entreprenuer himself and unusually good corporate culture is evident throughout the Frankfurt outlet. A large assortment of books, knowledgeable sales personnel and many customer service areas have made the bookshop a cultural meeting place. For in the opinion of Hugendubel books in the future will not only "play a role as a form of entertainment but also as a means of escape".

Design: Niedermaier, Chicago

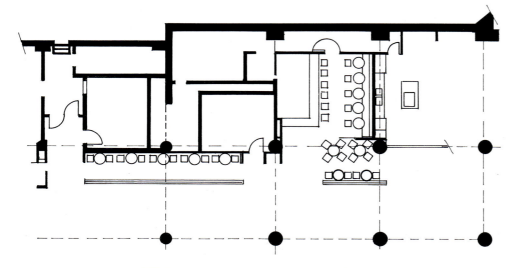

Louis Sullivan (1856 – 1924) war einer der ersten, der die Stahlskelettbauweise auf Hochhäuser anwandte. Nach einem Besitzerwechsel stellte er 1905 das Warenhaus für Carson, Pirie + Scott in Chicago fertig. Seine strenge Architektur war nicht unbedingt beliebt in einer Zeit, in der sich die Architekten eher an neogotischen Vorbildern aus Europa orientierten.

Die zweigeschossige Basis des Warenhauses wurde mit gußeisernen Platten verkleidet und trägt deutliche Spuren einer dekorativen, organischen Architektur, die bezeichnend ist für viele Sullivan-Bauten. Auch die Bauten Frank Lloyd Wrights, der in seinen Anfangsjahren Zeichner von Sullivan war, zeigen dekorative Elemente. Die Schlichtheit der oberen zehn Geschosse wurde von den Funktionalisten ob ihrer Einfachheit viel bewundert. Der Fußgänger hingegen theoretisiert nicht über Baukunst – er wird an großen Schaufensterfronten entlang zum runden Eingang gelenkt, der eine der schönsten Ecklösungen ist, die es je für ein Kaufhaus gab. Das Innere des Kaufhauses ist funktionalistisch weitläufig, neutral und anpassungsfähig.

Das Chicagoer Ladenbau- und Designunternehmen Niedermaier entwickelte 1984 für dieses Jugendstil-Kaufhaus einen völlig neuen „Corporate Level". Ein Jahr später wurden die neuen Ideen auf das gesamte 6. Stockwerk übertragen. Auf 65.000 squarefoot wurden Haushaltswaren und Geschenke ganz in Weiß präsentiert.

Zur Entspannung entstand in diesem Bereich eine **Cappucino Bar,** in der die Kunden eine köstliche Tasse Kaffee mit knusprigen Backwaren genießen können. Die Idee der Frische und Helligkeit des Verkaufsbereichs wurde auch auf das Café übersetzt. Übertragen wurde auch das Thema „Gitter" von dekorativen Holzgittern in den Fliesenboden des Cafés.

Motiv dieses kleinen Erholungsbereiches ist die Perforation – eine Durchsichtigkeit, ohne die Leere eines total offenen Raumes zu haben. Baulich wurde die abgeschirmte Durchsichtigkeit durch halbhohe gefliese Mauern mit Lochplatten-Elementen erreicht und durch fensterartige weiße Gitterelemente. Gestalterisch finden sich perforierte Metallplatten auf den Chromdrahtstühlen und unter den dicken Glasplatten der Tische. Selbst die rosa Neonschrift wurde damit abgedeckt. Das Weiß des Cafés wird betont durch den glänzenden Vinylbezug der Bankpolsterung und die Spiegeldecke. Es ist ein kleines Café, das alles hat: eine Bar, eine lange Bank und einzelne Tischbereiche. Es verspricht Erholung und Frische nach mühsamer Einkaufstour und spiegelt gleichzeitig die moderne Auffassung eines altehrwürdigen Kaufhauses wider. Das Design des Cafés wurde von der amerikanischen Zeitschrift **Interiors** mit dem „Hospitality Design-Preis" ausgezeichnet.

Cappucino Bar in Carson, Pirie & Scott, Chicago, USA
In 1905 Louis Sullivan completed the construction of the department store Carson, Pirie & Scott in Chicago — a strictly functionalist building with a steel framework and a decorative two-storey base. The round corner entrance is probably one of the most attractive ever designed for a department store. In 1984 the Chicago retail design firm Niedermaier developed a new "corporate level". One year later the entire sixth floor was remodelled. Household articles and gifts in white are displayed in a 65,000 square foot sales area. The Cappucino Bar, which is located here, was created to be a relaxing oasis: the area is fresh and bright, accented by a striking grid element. The design motif is perforation and transparency. It is evident everywhere, in detailing such as the mediumhigh tiled partition walls surmounted by perforated sheet metal, the perforated metal surfaces of the wire chairs and the perforated sheets under the glass slabs of the tables and even in front of the pink neon logo. It is a small café with a bar, bench and tables — a modern meeting place in venerable surroundings. The American Magazine Interiors deemed it worthy of the "Hospitality Design Award".

Architekten: Ace Architects, David Weingarten und Partners, Oakland

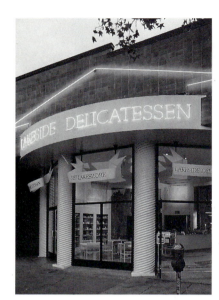

Eine 50 Jahre alte Oakland-Institution, **Lakeside Delikatessen**, wurde vom ursprünglichen italienischen Inhaber an seinen Sohn übergeben. Dieser beauftragte die Architekten, die Räume umzubauen, aber gleichzeitig auch ein Gespür für das italienische Erbe einzubringen.

Beim Durchforsten der alten Baustruktur aus den 30er Jahren stellten sie sich vor, alte römische Funde gemacht zu haben. So „fanden" sie nicht nur die Überreste einer Rotunde, sondern auch noch Reste einer Wandmalerei des Gottes Bacchus. Unter zahlreichen Bodenbelagsschichten kam die Figur des römischen Gottes Triton, des Sohnes Neptuns, zum Vorschein, dessen Hand auf den Seitengang neben der Rotunde verweist. Am Endpunkt dieses Seitenganges wurde ein kleiner, grottenartiger Springbrunnen freigelegt mit Figuren des Neptun, des Triton und einer Menge Delphine. Aus diesen Artefakten entwickelte sich die neue Idee:

In der pantheonartigen Rotunde entstand ein Marktplatz mit eingebauten Regalnischen für italienische Delikatessangebote. Gäste betreten direkt von außen diesen runden Raum und können hier Köstlichkeiten ausprobieren. Zeichnungen zieren die Wand um die Toilettentür, und auf dem farbigen Terrazzoboden zeigt Triton zum Verkaufsbereich im schmalen Säulengang mit Kühlgeräten und Verkaufstheke. Die Wände dieser

Arkade sind mit gemalten Blättergirlanden verziert, die auch von zurückgezogenen Sitzplätzen auf der Galerie betrachtet werden können. Die Galerie läuft in einen Hintergarten hinaus – wunderschön fürs Essen im Freien. Die typischen Spiralsäulen stehen auch hier mit stilisiertem Spalier darüber, und statt gemalter Blättergirlande gibt es eine grüne aus Maschendraht. Der Brunnen repräsentiert die Familie des Eigentümers Edward Curotto, die aus Genua, der italienischen Hafenstadt, stammt. Ein Stück Italien in Oakland? Die Gäste und der Eigentümer empfinden es so.

Lakeside Delicatessen, Oakland, USA
When the son of the owner of the fifty year old **Lakeside Delicatessen** took over the business, he wanted to remodel in a style in harmony with his Italian heritage. The imagination of the architects inspired them to "excavate and uncover" surprising elements in the 1930's structure: the remains of a rotunda, traces of a fresco painting of the god Bacchus and remnants of a mosaic floor with the Roman god Triton, the son of Neptune, pointing toward the side aisle. At the end of the aisle they "discovered" a small grotto with figures of Neptune, Triton and dolphins, which are intended to represent the family of the owner Curotto from Genoa. In the rotunda they created a marketplace where Italian delicacies are available for sampling and purchase. The narrow colonnade is lined with refrigeration units and a sales counter. This arcade is decorated with painted garlands of leaves. At the back the customers can dine in the open in a garden with a fountain.. Here, the stylized trellis above the spiral columns is made of fencing wire. A piece of Italy in Oakland? The owner and the customers have no doubt about it.

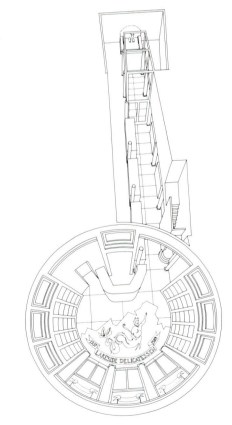

Architektur/Design: Fitch RS, London

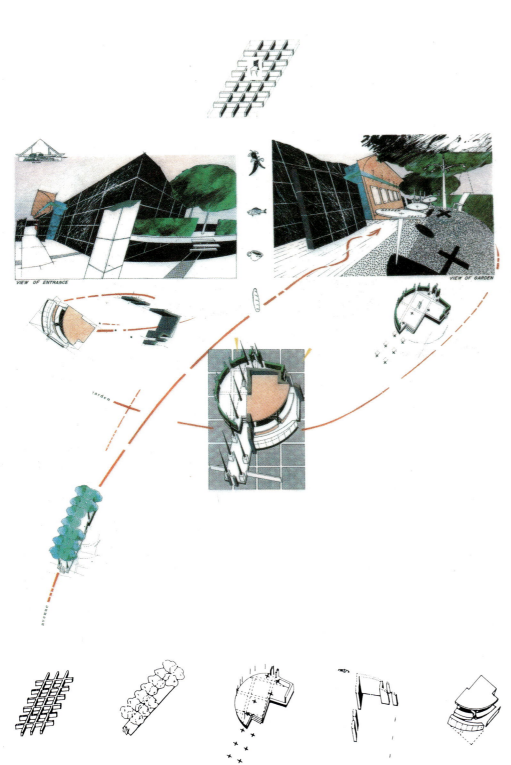

VIEW OF ENTRANCE

VIEW OF GARDEN

Garden

avenue

Grid   Avenue   Garden   Ruin   Servery

Das Einkaufszentrum in Uxbridge war ein gesichtsloser, zugiger Komplex mit großen Plätzen, ungeschützt gegen Wetter und Vandalismus – mit unzeitgemäßen Geschäftseinheiten aus dem Jahre 1970. Fitch wurde 1984 mit dem Umbau beauftragt. Die totale Veränderung in Funktion, Architektur und Design führte zu pavillonartigen Glasbauten, Marktplätzen und weitläufigen Einkaufsstraßen mit Bäumen und Bänken und einem markanten klassisch anmutenden Turm in Trompe l'oeil-Malerei. Schwarz-weiße Terrazzo-Fliesen ziehen in unendlichen Musterungen durch die Straßen und Plätze.

Auf einem der Plätze erlaubte der Abriß eines unscheinbaren Lokals die Schaffung eines Mall-Cafés. Unter dem pyramidenartigen Glasdach entstand eine gartenähnliche Anlage, in deren Zentrum eine ruinenhafte Marmorstruktur den Versorgungstrakt aufnimmt. Ein Fußweg führt zu einer oberen Ebene mit 160 Sitzplätzen, wo der Gast auf beheiztem Boden im „Garten" oder auf der „Terrasse" sitzen kann.

Der Gedanke des Gartens soll dem Gast Geborgenheit und Entspannung innerhalb eines so großen Einkaufszentrums vermitteln – und sei es auch nur für kurze Zeit. Um den Versorgungsbereich nicht zu mächtig erscheinen zu lassen, wurde er als das Innere einer Ruine begriffen, die im Garten steht; Teile eines Gebäudes, wie es mal gewesen sein könnte. Die Ruinenteile sind schräg geneigt, aus schwarzem Nero margino-Marmor mit weißen Adern, die Spuren einer vergangenen Zeit andeuten. Der viertelkreisrunde Andienungsblock mit langer Theke hat einen schützenden Sims mit indirekter Beleuchtung. Der lange, schmale Weg nach oben erinnert an eine Avenue mit einem Boden aus warmem Nadelholz, eingerahmt von künstlichen Bäumen, die meist als echt angesehen werden, in großen Terrakottatöpfen. Baldachinartig schirmen die Zweige das oft grelle Licht ab, das durch das Glasdach dringt. Bei trübem Wetter hingegen beleuchten tulpenartige Lämpchen in den Zweigen die Tische zusätzlich.

Der angehobene Gartenteil ist mit einem Teppich bedeckt, der an einen Rasen mit heruntergefallenen Blättern erinnert.

Eingerahmt von einer grünen Hecke ist das Café zu einem ungezwungenen, geruhsamen Platz geworden, der während der Öffnungszeiten des Einkaufszentrums für alle Gäste offen steht.

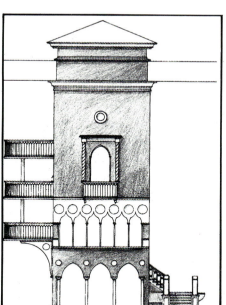

The Pavilions Café.
Die lange Theke sowie
das Café als geruhsamer Platz

The Pavilions Café, Uxbridge, GB

In 1984 Fitch began remodelling the old faceless, dilapitated shopping centre, which had been constructed in 1970, and created a complex with spacious avenues, marketplaces, pavilion-like glass structures and a striking tower with tromp l'oeil painting. Black and white terrazzo tiles cover the floors throughout the avenues and squares. Under the pyramid-like glazed roof of one of the squares a mall café was created. A path leads to a raised "terrace" level with seating for 160. In order to minimize the impact of the food and service area, it was incorporated into the interior of a "ruin" which stands in the garden. The ruin fragments of black marble with white veins slant at an angle — vestiges of times long past. The serving area with counter forms a quarter circle with an indirectly lit cornice. The path to the upper level is reminiscent of an avenue with wooden floors, lined with artificial trees that look surprisingly real. The canopy of branches shades the area from the occasionally bright light from above. Framed by a green hedge, the café is a tranquil spot amid the bustling activity of the shopping mall.

3 Bistro-Cafés

Seafood Bar,
Flughafen Kastrup,
Kopenhagen (s. S. 88)

Architekten: Alsop und Lyall, London

Ursprünglich war **The Eagle** (Der Adler) ein viktorianischer Pub mit viel Messing und großgeblümtem Teppich. Er liegt im Londoner Zeitungsviertel direkt zwischen den beiden Stadtteilen Islington und Smithfield. Dem schlechtgehenden Pub sollten die Architekten ein neues Image geben.

Von außen betrachtet sieht **The Eagle** aus wie andere Pubs auch. Der einzige Unterschied ist, daß das Holzwerk der Fassade im Erdgeschoß grau gestrichen ist anstelle der sonst recht farbigen Neugotik. Und ein schwarz-weißer Gerüstpfosten ersetzt das übliche Pub-Zeichen.

Innendrin wird dieser scheinbare Widerspruch zu einem Spiel: nicht ganz High-Tech – aber auch kein Punk. Grau und Schwarz sind die dominierenden Farben der Wände und des Kunststoff-Bodens.

Stahlbleche und Standardarmaturen der Bar verstärken dieses rauhe Image, das nur durch die blauen Sitze der Stühle und die gelben Menuekarten unterbrochen wird. Die Gerüststangen tauchen wie Mikadostäbe wieder auf, durchbohren die Tischplatten und bringen durch ihre Schrägstellung den Raum zum Schwingen. Es gibt auch noch richtige Stützen, die die Decke tragen. Von alter Rupfenummantelung befreit, kam teilweise eine Marmorsäule zum Vorschein. Absichtlich unfertig belassen ist das Mauerwerk hinter der Bar. Sperrholz-Bauplatten bilden die Rückwand des Bar- und Küchenbereiches mit seinen Edelstahlgeräten. Zubehör kann an der Holzwand leicht befestigt werden. Überhaupt ist alles sehr funktionell: ob man hier sitzt oder steht, jeder hat die gleiche Augenhöhe, und es gibt keine Gesprächsbarrieren. Alle Sitze sind am Boden befestigt. Selbst an der Bar bieten sie viel Beinfreiheit. Die Farben scheinen gar nicht der Pub-Tradition

zu entsprechen. Doch die Architekten fanden heraus, daß Schwarz und Weiß die eigentlichen Pub-Farben waren und von den alten Pub-Spielen Schach und Dame herrührten. Wichtig in diesem schwungvollen Stehlokal ist auch das Licht im Raum. Das Tageslicht, das durch die großen Fenster fällt, wird noch durch winzige 12,5 Volt-Spots an der Decke ergänzt. Ebenfalls funktionell, wenn auch klein, ist der Küchenbereich gehalten. Aber immerhin kann selbst noch in Spitzenzeiten eine Person Essen, Getränke und Kaffee servieren.

Der Pub hat von 10.00 bis 23.00 Uhr geöffnet. Und er hat Erfolg. Sicher schon deshalb, weil er sich bewußt von den sonst üblichen nostalgischen Pub-Ausstattungen im Stil französischer Cafés abhebt.

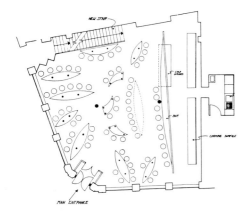

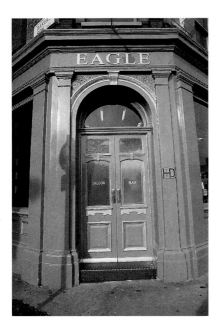

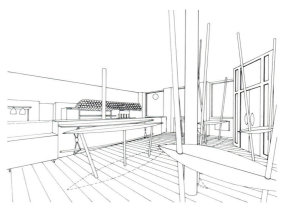

The Eagle Pub, London, GB

The aim was to give the originally Victorian pub in London's newspaper district a new image. The neogothic wood trim of the façade has now been painted grey. A black and white scaffold pole has replaced the pub sign announcing the apparently contradictory interaction of shapes in the interior: grey and black are the colours used for the walls and the vinyl floor. Steel sheeting for the bar underline the severe image, alleviated only by the blue seats and the orange menus. The scaffold poles reappear inside, piercing the tables and causing the room to vibrate with their angular placement. The walls and the supporting columns are partially unfinished. Nevertheless, everything is very functional: whether the customers prefer to stand or sit, their eye level is the same. The seats are fixed to the floor and provide generous leg room. Actually, the black and white colour scheme is derived from the former tradition of chess and chequer games in pubs. Natural light is supplemented by tiny 12.5 volt spot lights on the ceiling. An "in" place to meet, the pub is open daily from 10 am to 11 pm.

Planung: Peter Stellwag, Stuttgart

Schon 1984, als in Stuttgart von einer „Kultur-Szene" noch nicht viel zu spüren war, wurde mit der Café-Bar **Stella** der Grundstein für ein „Szene-Café" mit italienischem Flair gelegt. Und das ausgerechnet an der stark befahrenen, autobahnähnlichen Hauptstätterstraße am Rande des Stadtzentrums. Und das Café macht aus seiner Lage keinen Hehl:

Die durchgehende Glasfront bezieht den lärmenden Straßenraum mit ein – ganz nach Mailänder Vorbild, wo der Gast an der Straße sitzt, zwanglos nach innen geht, an der Bar einen Freund begrüßt, telefoniert oder einen Espresso trinkt oder auch nur Zigaretten kauft. Offen und zwanglos – eine Bühne zur Selbstdarstellung für den Gast, aber auch für die fünf Betreiber, die aus völlig unterschiedlichen Berufen kommen und hier ihre künstlerischen Wünsche übersetzen wollten.

Ein Bauingenieur, ein Dekorateur, eine Kunststudentin und die beiden Inhaber der Konditorei König wagten ein für Stuttgart ungewöhnliches Konzept. Im Gespräch vor Ort trug jeder seine Vorstellungen vor von Form, Farbe und Materialien. Daraus wurde der Barraum mit der Thekenanlage und dem Gläserregal dahinter entwickelt – fragmentarisch verworren, aber

funktionierend. Da von der Stadt Stuttgart nur ein 1 m breiter Streifen für die Plätze vor dem Haus zu gewinnen war, wurde 1988 in der Erweiterung eine „Piazza" geschaffen mit Brunnen und einer podiumartigen Treppe. Eine blaue Decke mit weißen Wolken ersetzt den Himmel. Der Gast sitzt scheinbar im Freien und schaut von innen nach außen. Der von innen lesbare Schriftzug „Stella" verstärkt diese Illusion. Großteile der Einrichtung sind aus Altmaterial. Gebraucht wirken auch die Wände, durch eine mehrschichtige Lasurtechnik mit Schwamm aufgezogen. Die entstehenden Farbräume schaffen Tiefe und lösen die Raumgrenzen auf. Dem städtischen Umfeld entnommen sind die Objekte an Wänden und Decken, die größtenteils vom Schrott stammen. Aus Rohren und Gestängen ist die freitragende Treppe gebaut und führt „als Himmelsleiter" in das Obergeschoß, wo die Billiardkugeln rollen. Das **Stella** ist ein gekonntes Szenarium. Es hat viel Lob geerntet, auch von der gastronomischen Seite. Die besondere Verwendung dynamisch-biologischer Produkte zieht viele Kunden an: vor allem Grafiker, Architekten, Musiker, aber auch Geschäftsleute aus der nahen Umgebung.

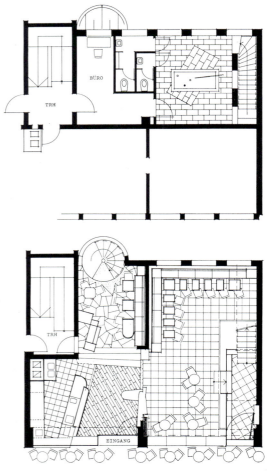

Café Stella, Stuttgart, D

Café Stella — situated directly on a main traffic artery — was already an "in" café in Stuttgart in 1984. The customers also sit right on the street in Italian style — a casual setting for the guests as well as the five people running it. A construction engineer, a decorator, an art student and the two owners of the former confectionery König dared to realize an unusual conception. In the course of enlargement in 1988, a "piazza" with a fountain and a podium-like staircase was created. A blue ceiling with clouds substitutes for the sky and conveys the illusion of sitting outside. The furnishings seem used: the finish of plastered wall was applied in several layers using a type of sponging technique, the objects of scrap metal relate with the café's urban surroundings. A selfsupporting staircase made of pipes and rods serves as a Jacob's ladder leading to the upper floor with a billiard room. Stella is a successful scenario, which also deserves plenty of praise for its gastronomical achievements. The natural, whole food products attract many business people from the surrounding area; the regular clientele includes architects, designers and musicians.

Architekten: Andreas Winkler, Christoph Hildebrand, Karlsruhe

Der klassizistische Architekt Weinbrenner gab einem großen Teil Karlsruhes seine Gestalt. Direkt neben einer kleinen Kirche steht ein solches Haus – das Weinbrenner Haus, das in den 70er Jahren entkernt wurde. Hinter einer Glasfassade aus dieser Zeit beginnt ein Stück Italien. **Al Dente** ist dezent auf die große Glastür gesandstrahlt und steht für ein Steh-Bistro der feinen Art. Apricotfarbene Wände in der leicht gehämmerten Stucco-Lustro-Technik umschmeicheln den Raum, dessen Architektur durch das Licht erst seine Form erhält. Die Grundbeleuchtung fließt aus speziell entwickelten Deckenflutern aus Edelstahl mit einem blauen, nach unten fluoreszierenden Glasstreifen – ein Effekt, der in der Thekenanlage noch einmal wiederkehrt. Edelstahl finden wir oft in italienischen Bars, Cafés und Eissalons und steht hier im kühlen Kontrast zur weich anmutenden Raumform. In kunstvoller Form taucht er in einer Fußbodenintarsie als Stier auf – Picassos Stiermotive

standen hier Pate. In technisch-funktionaler Form sehen wir ihn mehrfach an dem speziell entwickelten Thekenbereich aus Granit bis hin zur Zapfsäule und dem Multifunktionskanal über der Theke, der die Beleuchtung, Kabelführung und Gläserbehälter enthält. Speziell entwickelte Hocker und Tische stehen vor der Glasfassade, die zur Abschirmung im unteren Bereich gesandstrahlt wurde. Anthrazitfarbene Eisenprofile an Möbeln und Bauelementen finden ihre farbliche Entsprechung im Fußboden. Die rötlichen Einschlüsse des „Paradiso"-Granits harmonieren mit der Raumfarbe. Raumabschluß für dieses Ambiente bildet eine geometrische Deckengestaltung im vorderen Raumbereich von Bildhauer Christoph Hildebrand, der auch die Stierintarsie entwarf. Durch speziell entwickelte Falttürelemente aus Glas läßt sich der Eingang im Sommer weit öffnen.

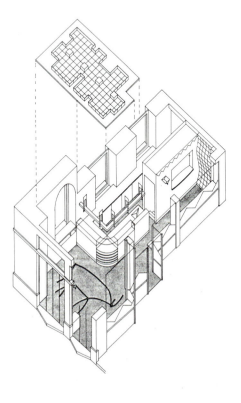

Al Dente, Karlsruhe, D

The classicistic architect Weinbrenner impressed his stamp on the character of the city of Karlsruhe. One of these buildings was reduced to its shell in the seventies and subsequently given a glass façade. It now houses an elegant stand-up bistro. Apricot walls in the stucco-lustro technique are bathed in soft light from the special ceiling floodlights of stainless steel with blue glass strips. Stainless steel — typical for many Italian cafés — contrasts with the soft room colours. It reappears in the floor inlay as a bull motif roughly in the style of Picasso, as well as in the massive bar counter with blue glass strips, the beverage taps and the multifunctional element above the counter. Stools and tables — specially designed — stand in front of the glass façade, which was sand blasted to serve as a visual screen. Anthracite grey iron strips on the furniture and construction elements correspond in colour to the granite floor. The interior is crowned by a geometric ceiling treatment by Christoph Hildebrand.

Architekten: Egon Schirmbeck und Eduard Schmutz, Stuttgart

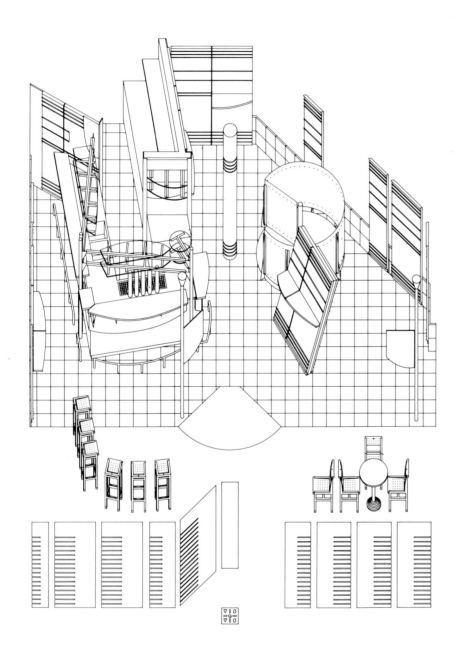

In einer Fußgängerzone, umgeben von Läden und anderen Dienstleistungseinrichtungen, findet man dieses Bistro. Eigentlich ist es ein Bierausschank mit kleinem Speiseangebot, in dem man sich während des Einkaufens entspannen kann. Im Erdgeschoß kann man an einer Bartheke sitzen, aber auch einige Tische sind da und eine kleine Küchenanrichte. Im Untergeschoß gibt es dann die notwendigen Nebenräume wie WCs, Personalräume, Lager und Kühlräume.

Da der vorhandene Raum nicht interessant genug war, wurde ein Entwurfskonzept entwickelt, das vorhandene Raumrichtungen „auflöst". Fragmentarische Wandverkleidungen und frei in den Raum gestellte Wandscheiben schaffen neue Raumgrenzen – ähnlich wie das durch Kulissen auf der Bühne erreicht wird. Alle Einrichtungselemente sind unabhängig vom Raum. Selbst die schräge Decke aus Holzwolle-Leichtbauplatten ist frei eingehängt. Kurvenlinien bei den Ablagen und Abstellflächen aus Granit lassen diese Bereiche größer erscheinen, so wie der hochgezogene Fußbodensockel die Raumgrenzen verwischt. Bei der Gestaltungskonzeption wurde auf Wirtshaustraditionen wie Putzflächen und dunkle Wandtäfer zurückgegriffen. Im Bistro sind nun alle Einrichtungsteile dunkel, Theke und Wandtäfer aus gebeizter Spanplatte. Die tragenden Konstruktionen sind aus handelsüblichen Stahlprofilen, mit Eisenglimmerfarbe gestrichen – eine Transformation der vertrauten schmiedeeisernen Teile. Eingelegte Spiegelstreifen in den Wandtäfern erinnern an die Spiegel historischer Bistros. Die Spiegel und ein gewisser Bühnencharakter schufen den Namen **Vis-à-Vis.**

Eigens für dieses Bistro wurden Holzstühle und Hocker entwickelt, die in ihrer Eigenart an Wirtshäuser erinnern. Gelochte und gebogene Sperrholzflächen sind zwischen Holzprofilen eingespannt. Die Füße sind mit Metallmanschetten versehen. Inzwischen wurden diese Stühle von der Firma Gebr. Thonet ins Serienprogramm aufgenommen.

Um ein ganzheitliches Erscheinungsbild zu bekommen, wurde ein eigenes Design-Grafik-Konzept entwickelt, das das Logo umfaßt, die Außenwerbung, alle Drucksachen sowie Geschirre, Bestecke, Aschenbecher.

Für das Eingangsschild wurde der Schriftzug aus einer Metallplatte negativ herausgeschnitten. Dieses Negativverfahren erscheint auch bei den anderen Drucksachen, die in Farbe und Erscheinung mit dem Raumkonzept übereinstimmen.

Bistro Vis-à-Vis, Filderstadt, D

Vis-à-vis serves beer and a small assortment of foods in a pedestrian shopping area. There is a bar counter and several tables on the main floor; the auxiliary rooms are in the basement. The design concept breaks up the existing directional orientation of the room: fragmentary wall coverings and partition walls that have been strategically placed create new spatial boundaries as if on a stage. All of the furnishing elements — including the ceiling — are independent of the room. Extra high skirting boards and curved shelf boards extend or erase the spatial boundaries. Plaster surfaces and dark wainscotting evoke tavern traditions; the constructional supports are structural steel. Built-in mirrors are reminiscent of historical bistros. The wooden chairs and stools were custom designed and also recall taverns. In the meantime the Thonet company has begun producing them in bulk. The characters on the projecting sign were cut out on sheet metal — a technique which the entire graphic design concept picks up thematically.

Bistro Vis-à-Vis.
Die eigens entwickelten Holzstühle
und Hocker sowie Elemente,
gearbeitet nach dem Design-
Grafik-Konzept

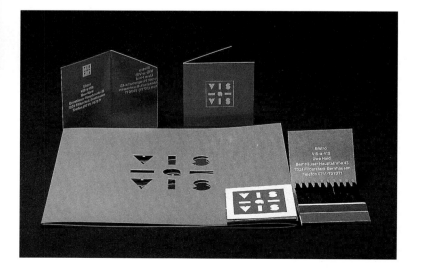

Architekt: Peter L. Stephensen, Kopenhagen

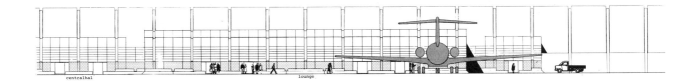

Gemessen an Starts und Landungen ist der Flughafen Kastrup der fünftgrößte Flughafen Europas.

1939 wurde er von Vilhelm Lauritzen gebaut und ist ein hervorragendes Beispiel des leichten Funktionalismus. Veränderungen und Erweiterungen ließen sich in den Folgejahren problemlos vornehmen.

Wachsender Flugverkehr macht in den 50er Jahren ein weiteres Flughafengebäude erforderlich – es wurde wiederum von Vilhelm Lauritzen erstellt. Nach jahrelangen Diskussionen um Verlegung oder Erweiterung des Flughafens kam es Mitte der 80er Jahre zu großen baulichen Veränderungen des gesamten Flughafensystems – wiederum geplant vom Büro Vilhelm Lauritzen.

In dieser Zeit entstanden neue Ladenpassagen, Wartebereiche und viele gastronomische Einheiten.

Drei davon sind besonders interessant und wurden alle vom Büro Peter L. Stephensen geplant.

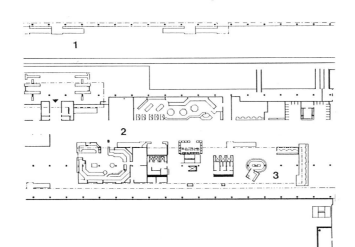

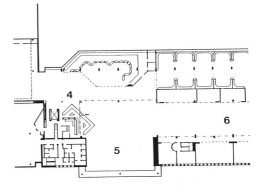

1 Abflughalle
2 Terminal-Bereich mit Läden
3 Take-Off Bar
4 Seafood-Bar
5 Neue Mittel-Halle
6 Neue Geschäftsarkaden

Bars at the Kastrup Airport, Copenhagen, DK

As far as take-offs and landings are concerned, Kastrup Airport is the fifth largest airport in Europe. It was built by Vilhelm Lauritzen in 1939 as an example of light functionalism. In the fifties he designed an additional building. In the eighties his office developed a plan for substantial changes in the entire airport system. During this period new shopping malls, waiting areas and gastronomic units were created. Three of the latter — all planned by Peter L. Stephensen — are particularly interesting.

In Verbindung mit der Einkaufsstraße in der neuen Mittelhalle wurde für den gastronomischen Bereich ein Wettbewerb ausgeschrieben. Das Ergebnis war die Seafood Bar. Das Design dafür zu finden, war nicht so einfach, da es zweierlei Bedürfnissen Rechnung tragen mußte: die einen Kunden wollten sich an einem Mahl aus Hummer, Austern oder Krabben erfreuen, die anderen nur ein Bier trinken.

Um diese Doppelbedeutung zu veranschaulichen, wurde der Teil mit den Mahlzeiten in den Bereich der Halle gestellt, in dem die Decke niedriger ist. Für diesen Teil der Bar wurden nur dunkle Marmorarten und Materialien verwendet. Ein eingelassenes Übereck-Aquarium schafft die richtige Einstimmung. Unter einer Glaspyramide sind die Meerestiere auf Eis dekoriert und machen dem vorbeigehenden Passanten schon Appetit.

An die Dunkelheit des Meeres erinnernd, das hier seine Schätze preisgibt, wurde auch das Lichtniveau entsprechend niedriger gehalten.

Der andere Teil der Bar ragt in die große Wartehalle hinüber. Die Front ist hell gestaltet in weißem Marmor, und das Lichtniveau ist hier offener, heller, weniger festlich.

Die gestalterische Verbindung dieser beiden Konzepte erfolgt durch einen filigranen Edelstahlturm am Schnittpunkt der beiden Theken – er ist mit farbigen Glaseinlagen dekoriert. Eine weitere Verbindung geschieht durch ein Stahlträgersystem, das kleine Kupferkuben aufnimmt mit winzigen Halogenlämpchen, so daß es hier ein intimes Licht gibt, obwohl die Bar in einer großen Halle steht. Die Barhocker wurden eigens vom Architekten entwickelt und erwiesen sich trotz schmaler Dimension als so bequem und dauerhaft, daß sie bereits in Serie produziert werden.

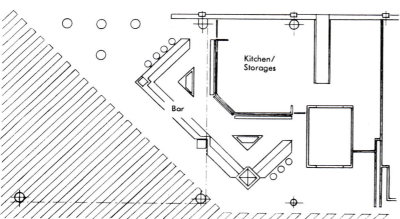

Seafood Bar, Copenhagen, DK

In the new main hall a competition led to the creation of the Seafood Bar. On the one hand it was to simply serve beer; on the other it was to be a snack bar for seafood dishes. This dichotomous theme has been carried out through the design. The meal section has a lower ceiling. The colour scheme corresponds to the darkness of the sea, which has surrendered its treasures: the materials used, including various types of marble, are dark. The lighting level is also more subdued. The beverage section faces the large waiting area. White marble dominates; everything is brighter and less formal. The connecting elements between the two sections are the filigree stainless steel tower at the intersection of the two counters and the lighting fixtures. The bar stools, which were designed by the architect, are now being produced in series.

Die **Take-Off-Bar** liegt noch im alten Abfluggebäude auf einem freien Platz. In ihrer Umgebung finden sich Transfercheckposten, Flugticket-, Post- und Bankschalter. Sie ist völlig losgelöst von anderen gastronomischen Servicebereichen, was bedeutet, daß alle notwendigen Räume vom Geschirrspüler bis zum Getränkelager hier untergebracht werden mußten. Auch gestalterisch mußte eine Lösung dafür gefunden werden, daß die Bar allein wie ein Möbelstück mitten in der Halle stand.

Das Ergebnis dieser Überlegungen war ein großer, schwarzer Granitkubus, der schräggestellt mit einer Kante die ovale Bar einschneidet. Als Kontrast zu diesen glatten und exakten Formen wurden sie auf einen warmen, unbehandelten Holzboden gestellt. Warmtonig leuchten auch die roten und goldenen Schriftzüge auf der Bar. Ihr Licht erhält sie aus kleinen Halogenlämpchen an einem runden, filigranen Chromstahlgitter. Es wurde speziell für die Bar angefertigt, ist aber inzwischen in die normale Produktion eingegangen. Mit ihrer Decke und ihren Barhockern zeigt sie ihre Verwandtschaft zu den Bareinbauten in der neuen Halle.

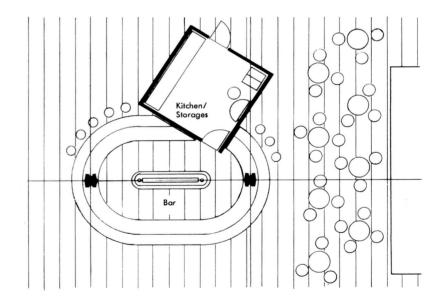

Take-off-Bar, Copenhagen, DK
This bar is located in an open space in the old departures area and is completely separated from the other gastronomic units: a special solution was necessary. A huge, black granite cube stands at a tangent to the oval bar like a piece of furniture. The smooth, clean-cut shape contrasts with the warm wooden floor. The lettering in red and gold is also in warm tones.

89

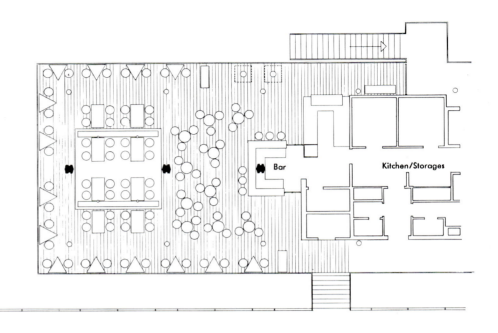

Ebenfalls auf dem Flughafen Kastrup befindet sich auf einer Zwischenebene das Bistro **Beer + Aquavit.** Die Menues, die hier angeboten werden, bestehen aus einer Vielzahl von Kleinigkeiten, die schnell zubereitet werden können.

Eine der besonderen Ideen, die sich auch im Namen dieses Bistros ausdrückt, sind zwei Kühlkuben auf Säulen, die wie zwei Grenzsteine am Geländer der Bistroebene nahe der Bartheke stehen. Die Gäste können jederzeit aus 50 verschiedenen Schnäpsen ihre Lieblingssorte auswählen.

Eine andere Idee ist die „Beer-Wand":

Die Gäste, die beidseits der beiden Bierwände sitzen, kaufen sich eine Mahlzeit, bei der im Preis eine bestimmte Menge Bier bereits eingeschlossen ist. Während die Gäste genüßlich am Tisch sitzen, können sie aus einem Zapfhahn in der Wand ihr eigenes Bier zapfen. Eine Meßskala zeigt die konsumierte Biermenge an.

Die hohe, moderne Technologie und die Materialien des präzisen Designs erinnern an die Flugzeuge, die vor den Fenstern ständig starten oder landen. Granitwände, die Edelstahlstühle mit ihren dunklen Sperrholzsitzen sowie auch die Tischchen mit Glasplatten an der Fensterfront stehen als Kontrast auf einem unbehandelten Holzboden – ein Boden, der Sicherheit und Wärme bringt, soweit dies nicht der Alkohol besorgt.

**Beer and Aquavit, Bistro,
Copenhagen, DK**

The **Beer and Aquavit** Bistro is situated on an intermediate level. Its name is reflected in two constructional ideas. Two cubic refrigeration units on columns containing a selection of 50 different kinds of "schnaps" have been placed like boundary stones beside the railing at the edge of the level. Customers are served beer at the counter or can tap their own at the mediumhigh "beer walls" if a beverage is included in the price of the meal. The materials and the technology of the bistro are reminiscent of the precision of airplane design. Granite walls, stainless steel chairs with dark plywood seats and glass slabs provide a contrast to the warmth of the oiled floors.

Architekt: Henning Larsens Tegnestue, Kopenhagen

TRUFFÉ
B R A S S E R I E
DALGAS HAVE 46
TEL. 38 88 24 14

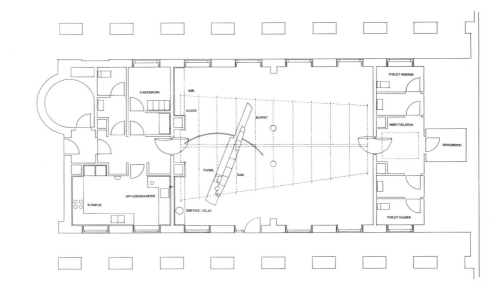

In der Handelshochschule in Frederiksberg gibt es die Brasserie **Truffé** mit einer ausgezeichneten französischen Küche und doch ungezwungener Atmosphäre, die das Café zu einem beliebten Treffpunkt werden ließ. Der Raum ist in seiner Architektur schlicht und fast neutral gehalten. Rot schimmernde Wände rahmen die Fenster ein und betonen die Längsrichtung des Raumes. Die Stirnwände sind einfach weiß wie auch die Decke. Markantestes Raumelement sind zwei leicht gewölbte Deckenbahnen, die wie Tragflächen über dem Raum schweben. Sie sind aus hinterleuchteten, perforierten Blechen, die über dem Barbereich breiter und zum gegenüberliegenden Toilettenbereich hin schmaler werden. Dadurch wird eine Längsrichtung des Raumes betont, die in Wirklichkeit gar nicht so ausgeprägt ist. Ebenfalls gewölbt sind die Metalltüren, die an jeder Stirnwand die Türen zur Küche bzw. zu den WCs abschirmen. Sie sind wie Rahmen konstruiert, denen Teile der inneren Haut fehlen. Spannend ist die Wand hinter der Bartheke. Auf matten Edelstahlplatten sind Messingborde für Tassen und Gläser montiert; Schranktüren sind aus Eisen und Abdeckplatten aus dickem Glas, von unten beleuchtet. Im Glas spiegeln sich die unterschiedlichen Metallfarben zu einer reizvollen, neuen Einheit.

Außer den zierlichen Metallstühlen und Tischen, die wie Skulpturen auf dem geölten Holzboden stehen, gibt es keine Möbel. Mobil aber ist die Bartheke, deren kranähnliche Form wie ein Uhrzeiger in den Raum hineingeschoben bzw. gerollt werden kann. Mittags steht so die Bar quer im Raum und fungiert als freistehendes Steh-Buffet. Abends ist sie wieder an die Wand geschoben, um mehr Platz im Raum zu haben. Die Gäste stehen dann an der Bartheke wie woanders auch.

Im schweren Zentrum der Bartheke gibt es Kühlschränke für Bier und Softdrinks.

Der ungewöhnlich schlichte Raum ist auch schlicht in der Lichtgestaltung. Das Licht dringt hinter und durch die Deckenschwingen hervor. Nur das Licht unter den Glasabdeckungen in der Bar schafft noch einen „Lichtblick".

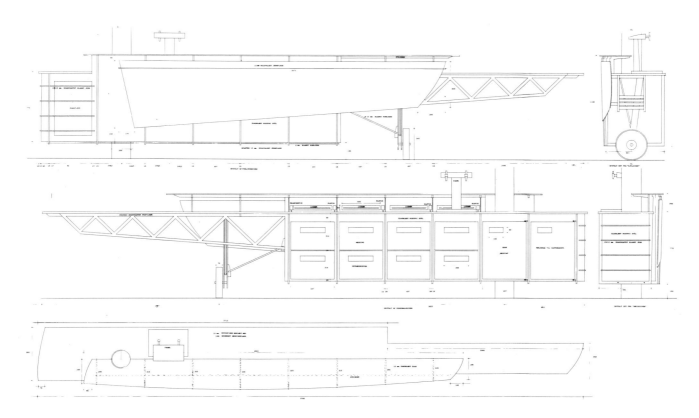

Café-Brasserie Truffé, Frederiksberg, DK
The **Brasserie Truffé**, specializing in French cuisine, is located in the commercial college in Frederiksberg. In the simply appointed interior red shimmering side walls emphasize the longitudinal direction. The end walls are white, as is the ceiling under which two arched canopies seem to hover. They consist of back-lit perforated metal sheeting which becomes wider at the bar end of the room. The metal doors which screen the secondary rooms are also arched. The wall behind the bar counter is eyecatching: the brass shelves are attached to stainless steel sheets, the cupboard doors are made of iron and the counter top consists of a thick glass slab illuminated from underneath. Delicate metal chairs and tables resemble sculptures displayed on the oiled wooden floor. The bar counter is mobile: the crane-like element can be rolled into the middle of the room for the lunch buffet. In the evening it converts back to a bar at the side of the room.

Architekten: Blocher und Blocher, Ludwigsburg

Fasanenhof ist ein Stadtteil von Stuttgart, wo – noch bis 1918 – Fasanen für die herrschende Familie der Württemberger Region gezüchtet wurden. In diesem Gebiet wurde 1985 ein Business-Park gegründet. Verteilt auf vier Gebäudekomplexe haben sich hier ca. 150 eher mittelständische Unternehmnen des Dienstleistungssektors angesiedelt: Firmen der Branchen Medien und Marketing, Computer und Information. Im 4. Gebäudekomplex sollten Gastlichkeiten für dieses anspruchsvolle Publikum errichtet werden.

So entstand im Erdgeschoß ein Selbstbedienungsrestaurant mit ca. 75 Sitzplätzen: ein sehr filigran gestalteter, lichtdurchfluteter Raum mit trennenden Lochblechelementen und einem halbhohen, gespachtelten Wandwinkel für die Salatbar. Im Obergeschoß wurde ein Bistro geplant mit direktem Zugang zum benachbarten Forum, einer ca. 1300 m² großen Messehalle für kleinere Fachmessen. Hier kann man nicht nur ein Frühstück in vielerlei Variationen bekommen – Wahlmöglichkeiten gibt es an einer Vitrinentheke, bezahlt wird nach Gewicht – sondern auch ein weitreichender Partyservice für private und geschäftliche Anlässe jeder Art wird angeboten. Das Bistro wird bestimmt durch eine lange, geschwungene Bar im amerikanischen Stil, die sich durch ein ebenso geschwungenes Podest mit hellblauen Fliesen vom übrigen Raum abhebt. Noch einmal aufgenommen wird diese Bewegung von einem parallel dazu angeordneten Stehtisch, der segelartig an einer Raum-

stütze befestigt ist. Hinter diesem Raumsegel mit Barhockern von Akaba beginnt der eigentliche Sitzbereich des Bistros. Großzügigkeit und Weite der Architektur und Fensterelemente prägen die gesamte übrige Raumstimmung. Die verspiegelte Lamellendecke erhöht und betont die kubische Form des Raumes ebenso wie der stahlgraue, gestreifte Teppichboden: Kühle und Distanz auch bei den anderen Materialien: hellgrau-gespachtelte Wände, Schiefer und Granit im Thekenbereich und bei den Tischen, Schwarz und Aluminium natur für die Möbel. Steckkontakte an der Decke erlauben eine stimmungsvolle Beleuchtung über der Theke und den kleinen Tischen mit Niedervoltpendelleuchten aus dem Steng-Programm. Bei Feierlichkeiten oder Vorträgen kann die Beleuchtung entsprechend variiert werden.

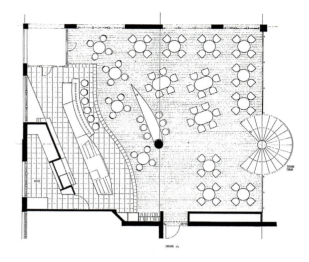

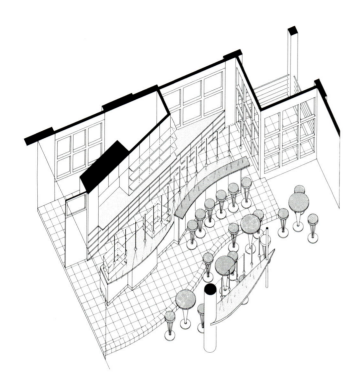

Werner's Buffet, Stuttgart, D

Up until 1918 pheasants for the ruling family of the Würt-temberg region were bred here. In 1985 a business park with 150 middle-sized companies operating in the service sector was created. One of the four building complexes houses gastronomic businesses. The architects built a self-service restaurant with seating for 75 on the ground floor — a bright room with perforated metal partition elements and a screened salad bar alcove. The bistro was located on the upper floor and provides access to the Forum — an approximately 1,300 square metre exhibition hall for small trade fairs. The bistro provides a choice of breakfast à la carte, various snacks and catering service for private and business occasions. The focal point is a long curved bar set on a similarly curved platform sheathed with light blue tiles. Parallel to the bar a sail-shaped stand-up table repeats the curving line. The seating area is located behind this sail element. The room's atmosphere underlines the architecture — cubic and cool: steel-grey striped carpeting, light grey trowelled walls, slate and granite in the counter area, black and aluminum for the furniture. The mirror-surfaced ceiling panelling contains a plug-in lighting system that permits various lighting effects for celebrations and lectures.

Architekt: RolfundRolf Design, Köln

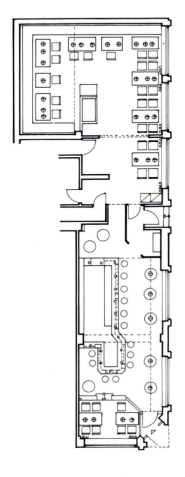

Die Ruhrpott-Metropole ist nicht nur ein großes Kohle-Revier. Hier haben die Leute auch ihre eigenen Kultur-vorstellungen von den Räumen, in denen sie sich treffen wollen. Eine vorher dagewesene teure Einrichtung im grün-weißen Karibik-Look fand zumindest kein Gefallen. So wurde mit weiterem Kapitaleinsatz von DM 65.000 nach schon 14 Tagen aus „Rain" „Backstein's". Der Name entstand aus dem verbindenden Bauelement zwischen Traditionellem und Modernem.

Die neue, improvisiert wirkende Gestaltung knüpft an Elemente der städtischen Umgebung an: angedeutete Backsteinwände, einfache Weichholztische, Industrieelemente wie die Lagerlampen und der Gummi-noppenboden.

Die Ästhetik der neuen Generation ist mit viel Charme in Stühlen, Stehtischen und Thekensäulen vertreten. Lackwände in Wickeltechnik zaubern Tradition und etwas Luxus und damit für das Bochumer „In-Völkchen" ein gemütliches, modernes Lokal, das nach Angaben des Betreibers „mehr als zufriedenstellend" angenommen wird.

Backstein's Bistro-Restaurant, Bochum, D

The previous restaurant, decorated in green and white in the Caribbean style at considerable cost, had not been accepted by the inhabitants of this coal producing region. An additional capital investment of 65,000 DM and 14 days of labour transformed "Rain" into **"Backstein's".** The name, literally "brick's", combines the traditional with the modern. The design has an improvised look that picks up elements of the restaurant's urban surroundings: fragments of brickwork, simple softwood tables, industrial elements such as storeroom lamps and textured rubber flooring. The aesthetics of the new generation are evident in the chairs, stand-up tables and bar pillars. Walls lacquered with a ragging technique create an atmosphere of tradition and luxury in this restaurant, which has become very popular with the "in" crowd of Bochum.

Architekt: RolfundRolf Design, Köln

In unmittelbarer Nachbarschaft von alten, angestaub-
ten Caféhäusern ist in einem Kölner Vorort dieses Bistro
entstanden – ein Treffpunkt für Leute, die sich jung füh-
len. Entsprechend „jung" ist auch die Gestaltung des
etwa 100 m² großen Raumes: ein bißchen modisch, ein
bißchen verspielt, dem Namen des Bistros Rechnung
tragend. **Jo-Jo's** liegen unter den Glasplatten der
Tische oder sind in die Lichtelemente an der Wand
integriert. Unter und hinter lackierte Lochbleche
schlängeln sich „Weihnachtsbaumketten" und zaubern
schimmernde Lichtspiele, verbreiten mit den anderen
Lichtelementen im Raum eine sanfte Stimmung. In Rosé
und Türkis wurden Stühle und Tapete lackiert.
Eine kompakte, eigenwillig geformte Thekenanlage
teilt den langgestreckten Raum in zwei Sitzbereiche.
Für die Theke wurden gebeizte Spanplatten hoch-
glanzlackiert. Die Tische bestehen aus einer Holz-
Stahlkonstruktion mit eingelegten Stritzo-Sockeln – wie
auch der Boden. Einfache Materialien – kombiniert mit
modischer Verspieltheit – passen gut zur Musik und
Mode des Publikums hier.

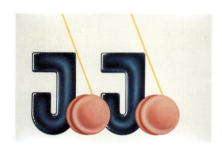

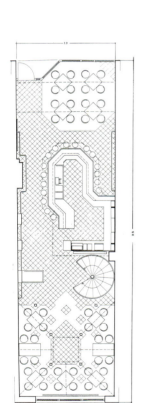

Jo-Jo, Bistro, Cologne, D

This place to meet was created in a suburb of Cologne
in a neighbourhood full of old, stuffy cafés. The furnishings of the 100 square metre interior is fashionable
and slightly frivolous, as heralded by the name of the
bistro (yo-yo). Yo-yos are displayed under the glass
slabs of the tables and between the lighting elements
on the walls. Chains of Christmas tree lights coiled
behind perforated metal sheets create shimmering
light effects, Rosé and turquoise has been used for the
walls and chairs. The high gloss lacquered bar counter
divides the room into two seating areas. The tables,
constructed of wood and steel, have bases made of
the same material as the Stritzo flooring. Simple materials used in a lighthearted, fashionable manner suit
the clientele and the music.

Architekten: Egon Schirmbeck und Eduard Schmutz, Stuttgart

Das Bistro **Adebar** befindet sich im Kultur- und Kongreß-zentrum Wolf-Ferrari-Haus. Hier ist eine Reihe von öffentlichen Einrichtungen zu einem Zentrum für vielfältige kulturelle und soziale Aktivitäten zusammengefaßt. Auf diese Weise können sich hier Menschen vieler Alters- und Interessengruppen treffen. Entsprechend dieser Interessenvielfalt wurde auch das gastronomische Angebot aufgebaut. Neben Restaurants und einer Diskothek gibt es dieses Bistro mit 170 Plätzen sowie der Möglichkeit, in einer Passage und auf dem Rathausplatz davor sitzen zu können.

Im Kontrast zum Restaurantbereich mit warmen und vertrauten Materialien spricht das Bistro mit seiner frischen, kühlen Atmosphäre eher die junge Bevölkerung an. Aus der Tradition heraus, Gasthäusern Tiernamen zu geben, entstand die Idee, mit diesem Bistro an den Storch zu erinnern als ein heiteres und allegorisches Fabeltier. Und auf die Säule neben der Bartheke ist tatsächlich ein Storch gestellt worden. Freie und geschwungene Neonlinien über dem Storch symbolisieren die Flugbewegungen des Tieres, die sich in der „Wolkendecke" aus Plexiglas spiegeln. Die geschwungene Thekenform korrespondiert mit den Neonlinien

und symbolisiert ebenfalls die Flugbewegung. Selbst die drahtigen Barstühle von Till Behrens scheinen den Bewegungen des Storches nachempfunden zu sein. Farbiges Glasmosaik, Glas, weiße Fliesen und Edelstahl erinnern an glänzende und glatte Wasseroberflächen bzw. an Sumpflandschaften der Natur. Die Blumenmuster der Polsterung der Stühle sollen eine heitere und bunte Wiesenlandschaft vermitteln.

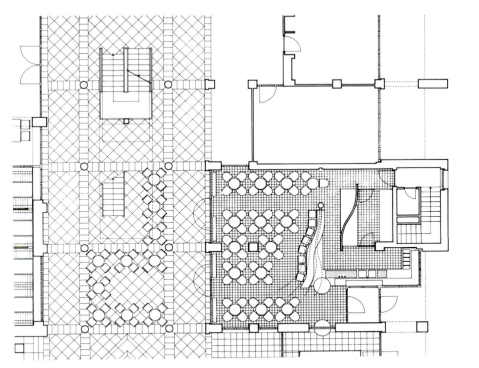

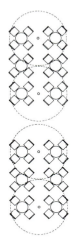

Bistro Adebar, Munich, D

The culture and conference centre Wolf-Ferrari-Haus is a centre for various cultural and social activities. The scope of ages and interests is mirrored in the range of gastronomic establishments. Besides restaurants with a warm and familiar atmosphere, there is also a discotheque and this bistro for a younger clientele. In accordance with the tradition of giving pubs animal names this bistro was christened **Adebar**, in memory of the stork in the animal fables. A stork actually perches on a column beside the bar. Curving neon lines, which symbolize the bird's flight movements, are reflected in the "clouds" on the plexiglass ceiling. The curved bar counter duplicates the lines of neon. Coloured glass mosaics, glass, white ceramic tiles and stainless steel are reminiscent of shining water surfaces and marsh landscape. The floral pattern of the chair cushions recalls the colours of a blooming meadow.

Architekt: Riss, Petter Abrahamsen, Oslo

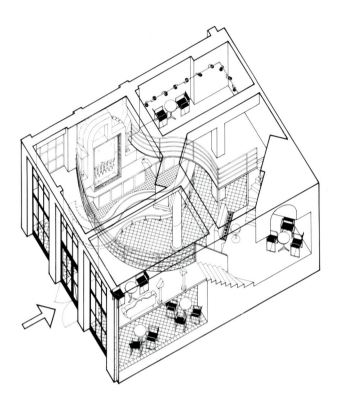

An der wichtigsten Hauptstraße Oslos begannen im Sommer 1983 die Vorarbeiten für zwei Café-Bars – den „Fun Pub" und das „Brødrene Bergh". Die Vorarbeiten waren kompliziert. Alle technischen Anlagen mußten erneuert werden. Im Erdgeschoß wurde der Fußboden angehoben, im Untergeschoß tiefer gelegt. So erhöhte sich die Nutzfläche um 200 m². Die Ausbauphase für die Cafés war dadurch sehr kurz und hektisch. Die Projekt- und Detailplanung fand parallel zu den Bauarbeiten statt. Viele Installationen wurden demzufolge mit einfachen Werkzeugen an Ort und Stelle vorgenommen und in leicht zu handhabenden Materialien ausgeführt.

Das „Fun Pub" ist in einem langen schmalen Raum angeordnet, tagsüber Café, abends eher eine Mischung aus Kneipe und Diskothek, aber ohne Tanzfläche. Wie der Name sagt, ging man hier von der Idee eines „Pub" aus, einem Ort, an dem man sich mit Freunden verabredete, sich zwanglos traf, etwas aß und trank. Der Zeit gemäß wurden verspielte Formen der Postmoderne für die Architektur gewählt. Einem neuen Zeitgefühl entsprechend wurde es inzwischen schon wieder umgebaut.

Das Schwesterlokal auf gleicher Ebene daneben ist das „Brødrene Bergh". Anders als das „Fun Pub" ist dieses mehr ein Stehcafé mit einigen Sitzplätzen, ein Ort des geselligen Beisammenseins, an dem die Menschen ständig aus und ein gehen. In dem fast quadratischen Raum steht die Bar im Mittelpunkt – lang und geschwungen – eingefaßt von Zwischenebenen mit gegenläufigen Bewegungen. Von dieser Galerie aus kann man die ganze Bar überblicken und an dem wechselnden Geschehen und bunten Treiben teilhaben – wie aus einer Theaterloge. Um einen Zusammenhang mit der großen Geschäftsstraße herzustellen, können die Fenster sogar hochgezogen werden. Insgesamt wurden widerstandsfähige Materialien verwendet: rostfreier Stahl für die Theke, gefliese Böden, Betonteile, Wände und Geländer farbig lackiert. Verspieltes Element in der postmodernen Rückwand ist der alte Spiegel mit Goldrahmen. Auch die Säulenabschlüsse zur Decke weisen noch postmoderne Formen auf, was zu den sonst sehr strengen und kühlen Materialien eher ein lustiges Detail ist.

Brødrene Bergh, Oslo, N
In 1983 construction work was begun for two café-bars — the Fun Pub and **Brodrene Bergh.** Complicated preparatory work made the short remodelling phase hectic and necessitated improvisation. The Fun Pub was a mixture of café, bar and discotheque — frivolously fashionable with its postmodern architecture — and has already been remodelled once again. **Brodrene Bergh** is more of a stand-up café with a few seats. The long, curving bar, framed by two symmetrical galleries, dominates the almost square room. The window facing the large main street can be raised. For this almost timelessly modern meeting place robust materials were used: stainless steel for the bar counter, tiled floors; the concrete elements, walls and railings are colourfully painted. Postmodern details in the capitals of the columns and in the bar area provide a light-hearted contrast to the austerity of the room.

Architekten: Riss, Petter Abrahamsen mit Johannesson und Haneseth, Oslo

Das **Spektrum** ist eine Mehrzweckhalle mitten in Oslo, in der viele Sport- und Musikveranstaltungen stattfinden; vom Pferderennen über Eishockey bis zum Pop-Konzert. Für die Besucher dieses Gebäudes wurde im 1. Stock über dem Haupteingang eine Bar und Brasserie eingerichtet. Ein Teil der Brasserie ist eine Zwischenebene direkt über dem Foyer. Und hier liegt auch der Eingang zur Bar – auf Straßenniveau ganz nahe zum Hotel Oslo Plaza. Der Eigentümer Sara Cater Partners wollte etwas haben, das sowohl dem Hockey-Publikum als auch den Musik-Fans gefällt. Es sollte höherwertig als die üblichen Arena-Bistros sein – aber auch nicht zu exklusiv. Mitten im Raum, um die Treppenanlage herumgeführt, liegt die geschwungene Bar, die durch ihre Form zu allen Gästen im Raum Kontakt hat. Fast schiffsartig wirkt diese Theke, überdacht von einem tiefblauen Himmel. Auch das Treppengeländer läßt noch mal an das Schiff erinnern, vielleicht auch an die Geländer der Sportarenen. Die balkonartig abgerundete Zwischenebene, von der aus man direkt ins Foyer hinunterschauen kann, bekam eine geschwungene abgehängte Decke in Stahl und furnierter Birke und schafft damit die schützende Illusion eines Daches in dem hohen Raum.

Da die gesamte Halle eher streng, kühl und offiziell wirkt, wurde für diesen Treffpunkt eine warmtonige Atmosphäre gewählt: Holz an den Wänden und auf dem Boden (er ist nur geölt), Holz für das Mobiliar – alles aus Skandinavien oder Nordeuropa. Materialkontraste schaffen rostfreier und lackierter Stahl, aber auch farbig lackierte Betonteile. Keramikfliesen gibt es nur in der Küche.

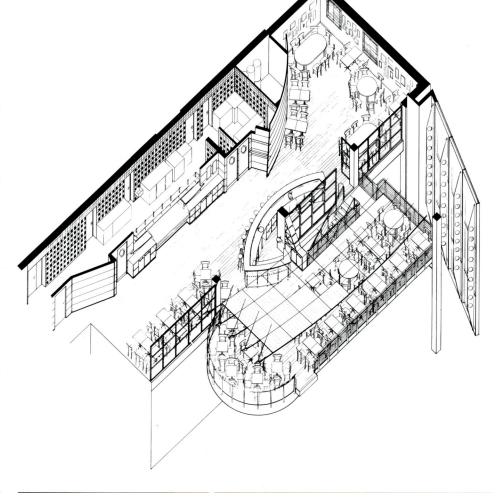

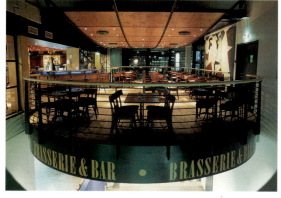

Brasserie & Bar Spektrum, Oslo, N
Spektrum is a multifunctional hall in the middle of Oslo used for sports and music events. The pub was created directly above the foyer on the first floor. The owner Sara Cater Partners wanted a high quality design for the bistro that would attract hockey and music fans. The focal point of the interior is the curving bar, shaped like the hull of a ship, with a dark blue sky-like canopy arching over it. The staircase bannisters are also reminiscent of ships or sports arenas. The rounded intermediate level with a view down to the foyer has an arched ceiling of steel and birchwood — the illusion of a roof in the high room. In contrast to the austere, cool architecture of the hall, the atmosphere of the bistro is characterized by warm colours: wood for the walls and the oiled floors, wood for the furniture — everything made in Scandinavia. Additional playful details are the painted elements of concrete and steel. Tiles were only used in the kitchen.

Schiffsartige Theke in der
Brasserie & Bar Spektrum

4 Café, Bistro, Restaurant

Blaue Ente,
Bistro-Restaurant,
Zürich (s. S. 144)

Architekt: Piergiuseppe Ramella, Mailand

Desenzano ist ein alter Ort römischen Ursprungs direkt im Süden des Garda Sees gelegen. Die gute Verkehrsanbindung brachte nicht nur Feriensiedlungen hierher, auch Gewerbegebiete. Und doch gibt es noch einen alten Hafen und einen reizvollen Altstadtkern. In diesem befindet sich das Café L'Orso Poeta – der poetische Bär.

Eine große Glastür mit Rundbogen gibt den Blick frei in einen langen, schmalen Raum, der sich in einem Lichthof zu verlieren scheint. Gleich hinter dem Eingang umhüllt eine halbkreisförmige, neue Glaswand eine runde Polsterbank mit kleinen Tischen davor. Für diese Raumausbuchtung mußte der zweite Hauseingang verschmälert und ins Haus hineinverlegt werden. Der Rundbogen der Sitzbank setzt sich in der Barform fort. Gegenüber zieht sich eine gepolsterte Bank mit kleinen Tischen bis in den Lichthof hinein. Hier können Angestellte und Geschäftsleute mittags ein schnelles Essen bekommen – perfekt organisiert wie in einer „American Bar". Zwei dicke Stahlstützen leiten den hinteren Raumteil ein. Hier trennte früher eine Wand den Raum von einem ausdruckslosen Innenhof. Ein farbiges Glasdach erinnert noch heute an den Hof und schafft den Hauch eines Grünhauses. Die farbige Glasdecke filtert nicht nur das Sonnenlicht, sie spiegelt sich auch in den glasabgedeckten Tischen wider und zaubert farbige Schatten auf den glänzenden Steinboden. In diesen Bereich ziehen sich die Gäste für das genüßliche Zusammensein zurück – sei es zum Mittagessen, Kaffeetrinken, zum Zeitunglesen oder für das Diner am Abend. Aus einer Wand aus rosa Verona-Granit strömt aus einer Reihe von Wasserspeiern Wasser heraus, das kaskadenartig über eine leicht getreppte Wand herunterfließt.

Runde und geschwungene Formen, verbunden mit einer gewissen Transparenz, charakterisieren die Café-Bar: stromlinienförmige und gerade Bänke sind mit kleinen runden Tischen angereichert, vor denen Philipp-Starck-Stühle stehen. Halbrunde Spiegel auf den Wänden erweitern den Raum, und die abgehängte Decke aus farbigen Leisten verstärkt die Großzügigkeit durch ihre Schwingungen. Hinter dieser Decke sind nicht nur alle Rohre versteckt, Steinwollpackungen helfen für eine gute Akustik.

Die Farben und Materialien unterstützen das erholsame Ambiente: raffinierte, neutrale Marmorarten in grauen und schwarzen Streifen auf dem Boden und an der Theke, eine graue Polsterung auf den Bänken, schwarze Stühle und Tische mit Glasabdeckung vor weißen Wänden. Das alles wird überwölbt vom Farbenspiel der Glasdecke und der geschweiften Lattendecke. Die Leuchten über der Bar wurden von Ramella entwickelt (von Arteluce produziert). Es ist eine kleine, elegante, städtische Café-Bar, die viele Funktionen vereint, vom Frühstück bis zum abendlichen Plausch.

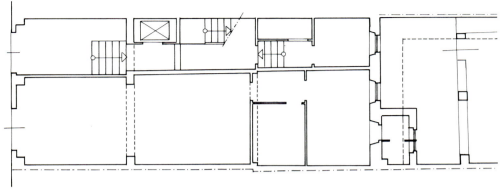

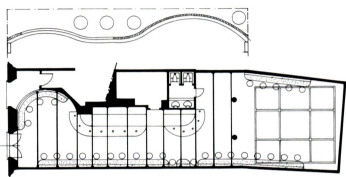

L'Orso Poeta, Desenzano Del Garda, I

The café **L'Orso Poeta** is located in the old part of the Roman town Desenzano on the south side of Lake Garda. Just within the entrance a glass partition encloses a round upholstered bench with small tables. The semicircle motif is used in the bar. Quick meals are served at the long bench opposite. The wall which formerly separated the room from an inner court has been replaced by two thick steel supports which frame the entrance to a sunny area with a coloured glass ceiling. The sunlight bathes the shining stone floor in nuances of colour. On the rear wall of pink Verona granite, water gushes out of spouts and cascades down a tiered wall. The café bar is characterized by round and curved shapes: round tables, Starck chairs, semicircular mirrors which seem to enlarge the room and the arched ceiling made of coloured wooden moulding strips. Stripes of grey and black marble, grey upholstered benches and glass-topped tables underline the ambience. This charming café by the lake serves everything from breakfast to light evening dinners.

Architekt: Hans Joachim Stadler, Karlsruhe

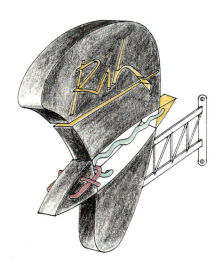

Rih kommt aus dem Arabischen und heißt „Wind", und Karl-May-Kenner werden sich überrascht fragen, wieso dieses Café mitten in Karlsruhe nach dem Pferd der Romanfigur Kara Ben Nemsi benannt wurde.

Aber **Rih** hieß noch etwas anderes. Nämlich eine 1919 in Karlsruhe gegründete Künstlergruppe mit einer eher kunstrevolutionären Zielsetzung. Und hier kommen wir der Sache näher. Denn das **Café Rih** liegt in ehemaligen Räumen des Kunstvereins in einem Gebäude aus der Jahrhundertwende. Dabei war es nicht einfach, hier einen Bewirtungsbetrieb zu installieren. Früher waren hier nur Ausstellungsräume gewesen. Es gab weder eine Küche noch WC-Anlagen. Der künftige Nutzer träumte von einer Mehrfachnutzung als Frühstückscafé, Mittagsrestaurant und Abendbar, wollte aber, daß die vorhandenen Räume mit ihren schönen Proportionen unverändert bleiben sollten. Vor allem sollten drei Stützen im Raum, die in den 30er Jahren von den Architekten unterschiedlich gestaltet worden waren, eine neue Wirkung erhalten. Diese Säulen wurden nun genutzt, um eine Dreiteilung des Cafés vorzunehmen: ein hoher Raum mit loser Bestuhlung, ein seitlicher, etwas niedrigerer Sitzbereich mit langer, festeingebauter Lederbank und der durch das gitterartige Flaschenregal eingeleitete Küchenbereich mit

schiffsförmiger Theke davor. Sie ist das Hauptelement in dem großen Raum, dient als Kuchentheke, Stehtisch oder abends auch als Basis für den Barmixer. Das Flaschenregal stößt schräg durch einen runden Turm, der den Speise- und Lastenaufzug ins Untergeschoß verbirgt. In einem seitlichen Raum gibt es die Möglichkeit, auf einer großen gemütlichen Couch oder an kleinen Tischen die Zeitung zu lesen.

Die offene, lichte Atmosphäre des Cafés erinnert ein wenig an die wiederentdeckten 50er Jahre. Schon der Ausleger am Eingang draußen mit Nierensymbol deutet darauf hin. Im Innern hängt an der Decke ein schwarzer Nierenhimmel mit Elektrosternen. Die dunkle Marmorsäule darunter hebt sich markant von der hellen Decke und den rosafarbenen Wänden ab. Helle Tische und schwarze Stühle aus Birkenfurnier bringen die ungezwungene, klassische Leichtigkeit skandinavischer Räume herein. Hohe Fenster bis zum Boden und sparsame Dekoration vermitteln eine Stimmung gemütlicher Nüchternheit. Die hölzerne Frauenfigur an der Wand hat der Maler und Bildhauer Peter Burger eingebracht. Neben dem schlichten Birkenfurnier kommen nur noch wenige Materialien zum Einsatz: Ahornwurzelholz an der Theke, polierter Edelstahl und Messing für die wenigen Metallteile.

Es ist ein Café, das durch manche Elemente vergangene Zeiten zitiert, ist aber dennoch ein Café der neuen Zeit. Von den Besuchern her zählt es durchaus nicht zu den Trendcafés, sondern ist breit gefächert: Besucher des Kunstvereins kommen hier ebenso her wie Angestellte aus den nahegelegenen Gerichtsgebäuden und Besucher der Kunsthalle von gegenüber. Das Café erhielt eine Belobigung des „Karlsruher Weinbrenner Preises für gute Stadtgestaltung".

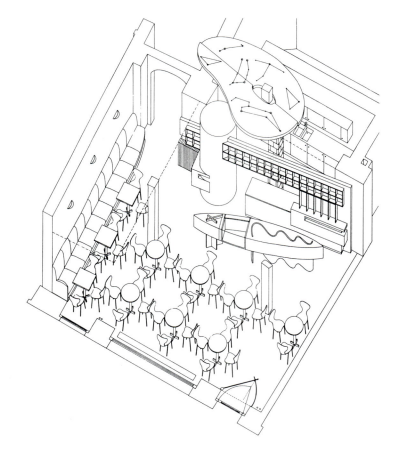

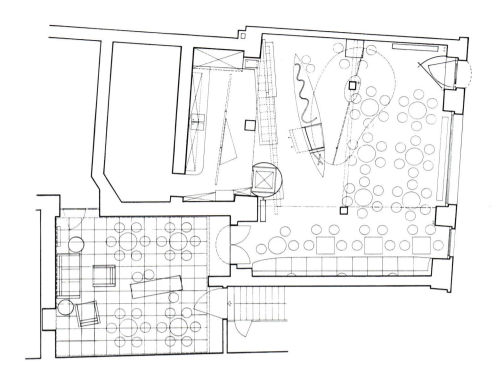

Café Rih, Karlsruhe, D

"Rih" is the name of the horse which belonged to the German writer Karl May's hero Kara Ben Nemsi. "Rih" is also the name of a revolutionary group of artists founded in 1919 in Karlsruhe. The café is located in premises which were formerly used by the art club. The art gallery is opposite. The café was conceived as a breakfast café, lunch time restaurant and evening bar. The room's proportitions were to remain unaltered, as were the three structural supports. These have been utilized to divide the interior of the café into three sections: a high ceiling area with shiftable seating arrangements, a low ceiling area with a long bench and the kitchen area screened by a grid of shelving elements for bottles. The ship-like bar serves as a cake counter or a stand-up bar in the evening. Newspapers can be perused in an adjacent room with a backlit ceiling. The atmosphere is reminiscent of the fifties — from the sign at the entrance to the black kidney-shaped canopy of twinkling stars. Pink walls, light coloured tables and black chairs underline the theme of lightness. Maple root wood for the counter, polished stainless steel and brass details complete the mood. The café has become a popular gathering place and was commended with the "Karlsruher Weinbrenner Prize for Excellent Urban Design".

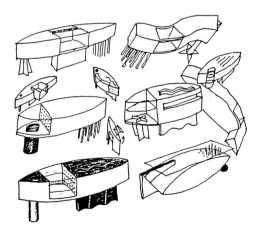

Architekten: O. Vingopoulos, N. Georgiadis, A. Damala, Athen

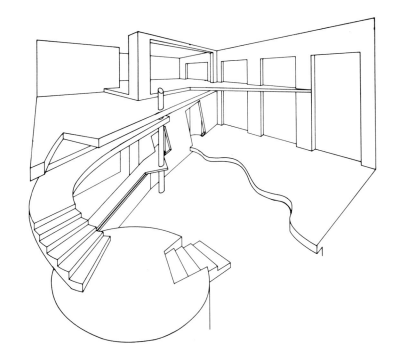

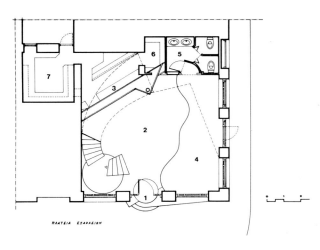

ΠΛΑΤΕΙΑ ΕΞΑΡΧΕΙΩΝ

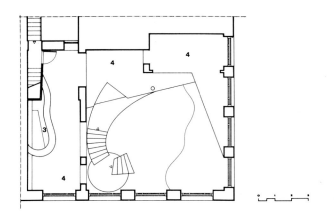

Exarcheia ist ein Stadtteil mitten in Athen – genaugenommen zwischen zwei Universitätskomplexen: der Nationalen Technischen Universität und der Universität von Athen. In den schönen, klassizistischen Gebäuden haben sich Buchläden, moderne Cafés, Theater, Kunstläden und Werkstätten niedergelassen. Die Besucher dieser Läden und Cafés sind demzufolge vor allem Intellektuelle, Künstler oder Studenten der Uni im Alter von 18 – 35 Jahren.

Café Diplo, liegt im Erdgeschoß eines zweistöckigen klassizistischen Gebäudes. Früher war hier ein Lebensmittelgeschäft, und nebenan gibt es immer noch eine kleine, traditionelle Taverne. Kommt man in die Café-Bar hinein, mutet fast nichts mehr klassisch an. Nur die hohen Fenster – mit heruntergelassenen Jalousien leicht irrationalisiert – weisen eine schmuckvolle, ornamentale Glasgestaltung in den Oberlichtern auf.

Direkt davor breitet sich eine wellenförmige Plattform aus. Das Licht darunter läßt sie schwebend erscheinen. Und der blaue Glasbelag schimmert wie die spiegelnde Oberfläche des Meeres.

Durch die schräg eingebaute Tür und das Fenster neben der Bar scheint der Raum zu schwanken. Neben der Bar führt eine geschwungene Treppe vorbei an hohen Lüftungsrohren zum Zwischendeck; eine dreieckige Plattform, die an der Wand endet, aber nirgendwohin führt. Dabei gibt es hier oben noch eine weitere Bar mit einigen Sitzplätzen davor. Dieses Zwischengeschoß hat es schon immer gegeben und ist nur von der neuen Treppe aus einsehbar und auch erreichbar. Treppen in solchen Räumen haben etwas Theatralisches an sich. So auch hier, wo von oben wie auch von der Treppe aus das Geschehen im Raum überblickt werden kann. „Sehen und gesehen werden". Gleichzeitig gibt es aber auch viele Bereiche des Rückzugs. Dramatisch ist auch der Raum an sich, in dem sich zwei Zeiten und Formwelten begegnen, durchkreuzen. Der historische Teil wurde in den traditionellen Farben und Materialien restauriert, wohingegen farbig glänzende und aggressive Elemente für die heutige Zeit stehen: Über dem schwarzen Fliesenboden schwebt das blaue Glaspodest. Eine Stahltreppe mit geriffeltem Alublech zieht sich nach oben über farbig lackierte Zwischendecken. Hellblaue Rohre mit einem Tiefblau an Fenstern und Türen verstärken das Irrationale, Schwankende.

Das Mobiliar wurde von den Architekten eigens entworfen.

Café Diplo (Café Doppel) ist wegen des Designs zu einem beliebten Treffpunkt geworden. Vormittags kann man hier frühstücken und Kaffee trinken und gegen Mittag kleine Snacks bekommen. Wer besonders lange hier verweilen möchte, kann abends sogar zu den Klängen einer Band tanzen und bis nachts um 3 Uhr bleiben.

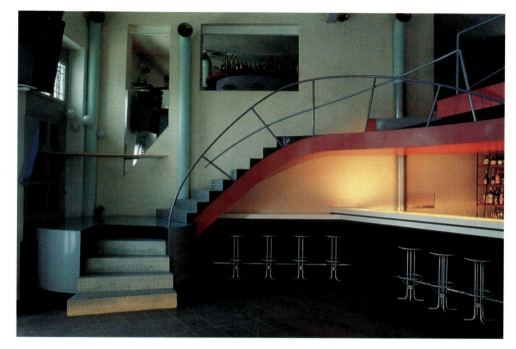

Café Diplo, Athen – Exarcheia, GR

Café Diplo (double) is situated in the Exarcheia district between two university complexes and surrounded by book and art shops, theatres and workshops. It is frequented predominantly by young people between the ages of 18 and 35. **Café Diplo** is housed on the ground floor of a two-storey building in the classicistic style beside a small tavern. A wave-shaped platform made of blue glass illuminated from underneath shimmers like the sea in front of the high windows, which are screened by venetian blinds. The entire interior evokes associations of ships. The door, which has been built-in at an angle, makes the room seem to sway. The blue of the door and windows gives the room an irrational touch. A curving staircase beside the bar leads up to an "intermediate deck" — a triangular platform that leads to nowhere. There is a bar up here in a secondary room. Just like the staircase, the entire room exudes a theatrical character — "see and be seen". The modernity and neoclassicism of the interior interact and interrelate through the shapes and materials: black tiled floors, blue glass platform, steel staircase and painted bar and gallery. The tables and chairs were designed by the architect. In **Café Diplo** the customers can have anything from breakfast to a late evening snack. They can sit, dance or listen to music until 3 o'clock in the morning.

Architekt: David Baker + Ass., San Francisco

Das **Café Milano** liegt an der Bancroft Way, Ecke Telegraph Avenue, der Straße in Berkeley, die in den 60er
Jahren durch eine gebildete Gegenkultur von sich
reden machte. Auch heute noch gibt es hier ein reges
kulturelles Leben, zumal sich direkt gegenüber der
weite Campus der University of California erstreckt.
Eine überhöhte Säulenfassade macht auf das **Café
Milano** aufmerksam. Nur der Himmel scheint durch die
nach hinten geneigten oberen Fensteröffnungen.
Große Glasfenster lassen sich zur Straße hin öffnen
und ermöglichen die schnelle Kommunikation mit den
Freunden auf der Straße. Im Innern öffnet sich ein
hoher, schmaler Raum. Eine sichtbare, hölzerne Dach-
konstruktion liegt auf Backsteinwänden auf, wie sie
häufig in San Francisco, der Stadt am Meer, zu sehen
sind. Eine durchbrochene Wand schiebt sich schräg
durch den Raum bis zur hinteren Treppe, die auf ein
Zwischengeschoß führt. Diese methapherartige
Gebäudefassade ist wie eine Kollonade, die den
Raum in drei Bereiche teilt: einen öffentlichen Bereich –
der lange schmale Sitzbereich zwischen Backstein-
wand und Kollonade –, einen halböffentlichen Bereich
dazwischen liegend und private Zonen. Von der
Empore aus kann man auf die Piazza nach unten
schauen. Oben wie unten gibt es viele Bäume und
Büsche zwischen den Tischen, die den Eindruck des
Draußensitzens   verstärken.   Wiederaufgelebte
Schwamm- und Spachtelputztechniken erwecken bei
der Kollonadenfassade innen wie außen den Eindruck
des „Gebrauchten", „Älteren". Silbrig glänzende
Klappstühle stehen etwas frech vor den grauen Marmortischen. Es muß eine Kulturszene sehr eigener Art
sein, wenn Vespafahrer ihre Maschinen mit hinein-
nehmen können.
Aber auch einer Schriftstellerin gefiel es so gut im
Milano, daß sie jeden Tag für ihr Auto im Parkhaus
bezahlte, um im Café schreiben zu können. Sie schrieb
einen ganzen Roman hier. Und das ist wohl das
schönste Lob für Betreiber und Architekten.

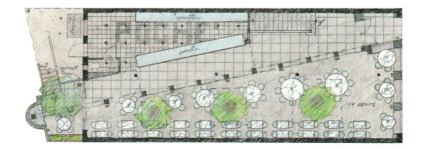

Café Milano, Berkeley, USA

Café Milano is located on the corner of Bancroft Way and Telegraph Avenue in an area close to the university, which is alive with cultural events. Behind the oversized pillared façade is a high room. The wooden ceiling construction is supported by the brick walls — typical for many of the buildings in this seaside city. A metaphorical building façade cuts through the room diagonally and divides it into public and private zones. Trees and bushes on the "piazza" as well as on the gallery create the impression of sitting outside. Mottled looking trowelled plasterwork on the outside and inside colonnades evoke the "used" flair that makes the café so popular. Some young people even take their motor scooters inside; an authoress used to park her car in the parking garage every day in order to write an entire novel in the café.

Architekt: Bernard Tschumi
Innenarchitektur: Patrick Derdérian (Eigentümer), Paris

Das **Croixement** liegt in einer der interessantesten, modernen Stadtlandschaften von Paris: an der Abzweigung des Canals St. Denis vom Canal de L'Ourcq – im Herzen des Parks de la Villette – ungefähr zwischen der Géode und der Grande Halle. Es ist ein langer, flacher, spitzwinkliger Baukörper, der mit einem seltsamen, roten Gebäude – beide von dem Architekten Bernard Tschumi – verbunden ist. Ganz in der Nähe steht übrigens noch ein ungewöhnliches Gebäude von Tschumi, das **Café La Ville**. Beide gehören Patrick Derdérian.

Er ist im Restaurantbereich einer der großen Pariser Unternehmer. In diesem Milieu groß geworden, hatte er mit 40 Jahren sein eigenes Restaurant. Inzwischen ist er für eine ganz neue Generation moderner Pariser gastronomischer Einrichtungen verantwortlich: **L'Amanguler, The Bermuda Onion,** und die **Oh! Poivrier-**Kette. Alle haben ihr eigenes, ungewöhnliches Flair, denn für Derdérian ist die Innenarchitektur eines Restaurants genauso wichtig wie das Menü selbst. Für ihn ist, gut zu speisen, eben nicht nur eine Frage des Essens – sondern vielmehr auch der Umgebung und der Geselligkeit. Als er sein erstes **L'Amanguler** vor ca. 15 Jahren baute, war es das erste Garten-Restaurant in Grün-Weiß und erregte viel Aufsehen mit seinen Sonnenschirmen im Innern vor grasgrünen Tapeten. Ihn reizt Restaurant-Gestaltung, weil sie alle fünf Sinne anspricht. Die Ideen für seine Restaurants entwickelt er selbst. Er sucht sich die Architekten, die Gastronomie-Fachleute und Künstler, die auch Spaß an der Umsetzung seiner spontanen Einfälle haben. Das **Croixement** ist von außen ein moderner Bau der 80er Jahre, dessen Kennzeichen zweifarbige Granitstreifen sind. Die Fassadengestaltung von Tschumi setzt sich im Innern fort – nur ganz anders: immer noch Glas und Granit, aber in einer warmen Atmosphäre; der dunkle, graue Streifen z. B., der für innen zu hart schien, wurde durch ein lachsfarbenes Gelb-Rosa ersetzt. Die Aneinanderreihung kleiner, quadratischer Fensteröffnungen kehrt sich im Innern in die Senkrechte um als eingelassene Glasfelder in raumhohen Marmorsäulen. Selbst das Guß-Aluminium der Stühle auf der Terasse findet sich in den Tischfüßen im Innern wieder. Der im Grundriß spitz zulaufende, 7 m hohe Raum hat eine ungeheure Offenheit und Großzügigkeit. Gleichzeitig strahlt er Wärme und Intimität aus. Kleine Tischgruppen in dunklen Farben und der Holzboden auf der Empore unterstreichen dies. Das Publikum ist gemischt: Menschen aus den verschiedensten Teilen der Stadt, mit verschiedenem kulturellem Hintergrund, kommen zu verschiedenen Zeiten des Tages. Ihre Wege kreuzen sich hier, ohne daß sie einander kennen. Aus dieser Überlegung heraus entstand der Name **Croixement** – Kreuzung; ein Thema, das auch im Innern noch einmal aufgegriffen wird. Z. B. schuf der Künstler Eugène Brunelle eine filigrane Kreuzungsplastik auf der Wand, die den Streifen-Effekt bewußt bricht. Derdérian liebt den Granit, denn er ist nicht nur dauerhaft, sondern auch ausdrucksvoll. Deshalb wurde er nicht nur an den Wänden, sondern auch auf dem Boden, hinter der Bar, im Eingangsbereich eingesetzt. Immer ist es Granit in Verbindung mit dem belebenden Glas.

Die schwarzen, gewölbten Sperrholz-Sessel hat Christian Duc entworfen. Sie sind nicht nur bequem – sie wurden auch preisgekrönt. Für die reizvollen Glasdekorationen, teilweise in alter französischr Tradition mit geätzten Effekten, holte sich Derdérian den Rat von Guillaume Saalburg. Die Stühle an der Bar wurden aus Flugzeugfedern von Aerospatiale in Möbelelemente umgebaut. Die halbrunden Ledersitze darauf erinnern an Baskenmützen und sind der Spaß aller Kinder. So ist das **Croixement** monumental und intim zugleich, wirkt elegant, leicht und doch jung. Inmitten der Cité des Sciences gelegen, sollte es ein Lokal für das Jahr 2000 werden. Jetzt schon ist es ein idealer Platz für Cocktail-Parties, private Abendveranstaltungen, Modeschauen und Fotoaufnahmen.

Croixement, Paris, F

Croixement is situated in one of the modern urban areas of Paris in the heart of Park de la Villette. It is a long, flat, angular structure which is connected to a red building. Just like the nearby Café La Ville it was specially designed by Bernard Tschumi. Both properties belong to Patrick Derdérian. He is also responsible for **L'Amanguler**, **The Bermuda Onion** and the **Oh! Poivrier** chain, all of which are characterized by unusual flair. For him, the interior design of a restaurant is just as important as the menu itself. The ideas are his own; then he finds experts and artists for the practical realization. In **Croixement** the design of the exterior façade is continued on the inside in a different form using grey and salmon pink stripes of granite. The outside window motif is repeated in vertical glass insets inside. The seven metre high room is airy and generously proportioned as well as warm and intimate. The clientele is from everywhere: their paths cross although they do not know each other, thus the name of the café. A steel sculpture by Eugène Brunelle reiterates the theme. The black chairs are by Christian Duc; the glass decorations by Guillaume Saalburg. The bar stools were made out of airplane springs. **Croixement** — constructed for the year 2000 — has already proved to be ideal for parties, evening happenings, fashion shows and photography shots.

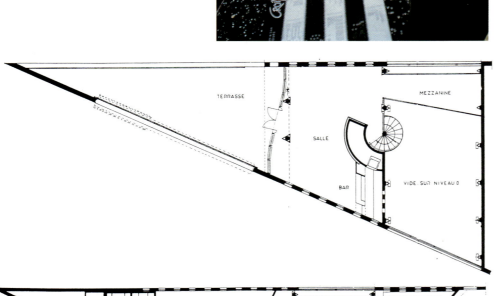

Architekt: Gianni Bondesan, Florenz

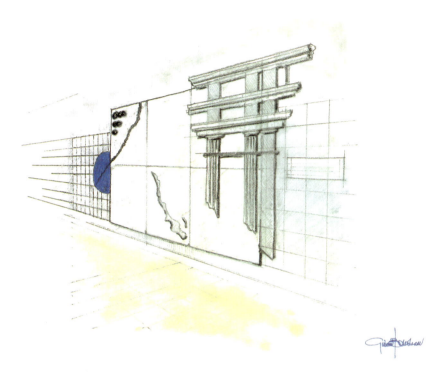

Rose's Café liegt nahe der Kirche Santa Trinitá in einer engen, mittelalterlich anmutenden Straße, die von der großen Via Tornabuoni abgeht. Es ist ein Geschäftsviertel in Florenz, das durch Bauten aus der Renaissance bis ins 19. Jh. hinein geprägt ist. Florenz als Stadt der Künste hat unzählige bauliche Kostbarkeiten aufzuweisen – auch im Hinblick auf die vielen Cafés. In den 80er Jahren begannen sich nicht nur die Geschäftszentren zu verändern, sondern auch diese Treffpunkte. Rose's Café ist ein Beispiel dafür. Der Vorgänger, eine kärgliche Trattoria, sollte mit dem neuen Café schnell vergessen werden. Es sollte etwas entstehen, als ob diese Räume vielleicht um 1600 gebaut worden wären – oder früher. Vielleicht war es damals in der Straße noch heller, und man konnte bis hinunter zum Fluß Arno sehen. Vielleicht hat auch mal ein Student hier gewohnt, ist dann weggegangen, und nach Jahren wurden diese Räume wiedergefunden und ein Treffpunkt darausgemacht.

Aber nun ist die Via del Parione mittelalterlich eng und schmal, in der das Sonnenlicht versucht, durch die Häuserzeilen zu dringen und seine Schattenspiele an die Fassaden zu zaubern. Diese Schattigkeit wird im Café übersetzt und in ein einfaches Formenspiel eingebettet, was der japanischen Raumauffassung nahekommt, bei der wenige dekorative Elemente die Details ausmachen. Das Café ist in einem langen, schmalen Haus untergebracht. Es gibt hier zwei Räume: das Café und das Restaurant – ganz gleich möbliert und durch eine dreieckige Deckenstruktur perspektivisch zusammengeführt. Wände und Decken sind mit grauem Florentiner Stucco verputzt, die Wände teilweise mit schwarzen Fliesen verkleidet – eine „kühle", aber imposante Optik, die stark mit der Theke und den Möbeln kontrastiert. Markantestes Gestaltungselement sind große, schwarze Eisenplatten an der Wand. Auf der Platte gegenüber der Theke erinnern bauliche Zitate an das historische Umfeld. Eine ähnliche große Tafel ist wie ein Hintergrundvorhang im Restaurant. Verschiedenartige, farbige Figuren symbolisieren die neue Zeit. Mehr aber noch ruft die laufende Uhr in die Gegenwart zurück. Auf der Wand gegenüber werden Bilder angeleuchtet wie in einer Bildergalerie. Es ist eine besondere Atmosphäre entstanden, sehr verhalten mit feinen Details, ein bißchen High Tech, ein bißchen japanisches Flair und doch Italien.

Bänke und Tische, vom Architekten entworfen, bieten viel Beinfreiheit und sind bequem. Das Holz knüpft an Florentiner Tradition an. Von Reiz sind die runden Schatten unter den Bänken, die durch das Licht auf dem hellen, warmtonigen Fliesenboden entstehen.

Beliebter Treffpunkt für lange Gespräche oder einen kurzen Gruß ist die lange Theke im Café. Und die eingebauten Videoschirme darüber versorgen die Gäste mit den nötigen Informationen.

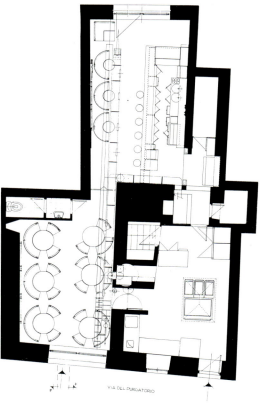

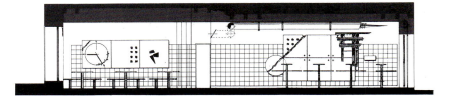

Rose's Café, Florence, I

Rose's Café is located in a narrow, seemingly medieval street in a commercial area of Florence, which was dominated by Renaissance buildings until the nineteenth century. A simple trattoria was formerly housed here. The new café was intended to displace its memory and to look as if it had been built around 1600 when there was still an unimpeded view of the Arno River. The shadowed narrowness of the medieval street is translated into space and shape. There are two rooms in the long, narrow building: the café and the restaurant have the same furnishings and are united by a triangular ceiling structure. The walls and ceilings are plastered with grey Florentine stucco, partially covered with black tiles. The black iron panels on the wall are striking. Opposite the counter architectural quotes suggest the historical surroundings. In the restaurant coloured, geometric shapes and a ticking clock symbolize modern times. The benches and tables were designed by the architect and hark back to the Florentine tradition of wooden tables. The long counter with video screens over the bar is a popular spot. The atmosphere is something special: a little High Tech, a little Japanese flair and yet Italian.

Rose's Café.
Das Restaurant mit
Blick auf die Wandge-
staltung mit Uhr

Architekt: Rodolfo Laquaniti, Florenz

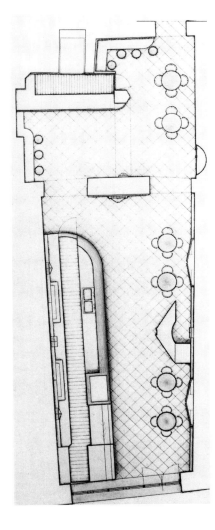

Im Herzen der historischen Altstadt von Prato, in der Nähe des alten Doms, liegt das **Café Italia.** Seit 1970 war es ziemlich heruntergekommen und wirkte durch eine abgehängte Decke und das Mobiliar eng und klein. Beim Umbau kam eine alte, mittelalterliche Gewölbedecke zum Vorschein. Diese Decke – aber auch der Dom – charakterisieren das Design der neuen Café-Bar, in der durch die feine, künstlerische Sensibilität des Architekten mittelalterliche Strukturen mit angemessenen Materialien und neuen, symbolischen Elementen verbunden werden.

Das Café ist ein langer, schmaler Raum, der in einen kleineren übergeht, genutzt als Pizzeria und Snackbar. Der langen, mächtigen Bartheke steht im vorderen Raum die Kassentheke gegenüber, beide mit blauem Marmor verkleidet. Tische und Stühle sind in leichter Form vor einer raffinierten Wandgestaltung plaziert, deren aufgesetzte Wandscheiben auf die Deckenbögen zulaufen – beleuchtet durch nach oben strahlende Halogenleuchten. Immer wieder ist es ein lebendiges Spiel von dreieckigen Formen in der Farbe des Sandes. Die Formen beherbergen die Lampen aus Kupfer, Messing und Stahl und schaffen anregende Lichtpunkte. Dazwischenliegende Vitrinenelemente nehmen noch einmal den Bogen der Decke auf. In stilisierter Weise tauchen diese Formen auch in der gläsernen Fassade der Café-Bar wieder auf. Die gewellte, seitliche Thekenwand, die bereits der Passant im Vorbeigehen wahrnimmt, wiederholt sich im Innern in einer vorgesetzten Wand, die beide Räume trennt. Diese Wand aus Travertin und blauem Marmor ist eine Referenz an das Motiv der Domfassade. Die abgebrochene Marmorwelle ist Bindeglied und zugleich Tren-

nung zweier Zeiten, die hier aneinanderstoßen – der Gegenwart und des Mittelalters. Die Zeitlosigkeit symbolisiert eine Uhr auf dieser Wand, deren Zahlen außerhalb des Zifferblattes liegen, herumpurzeln und damit den eigentlichen Zeitablauf „verwischen" – vielleicht damit auch die tatsächliche Zeit des Kaffeetrinkens.

Besonders sorgsam wurde der Raum für die Pizzeria gestaltet. Die Theke besteht aus Rosenholz (wie die vordere Bartheke auch), mit blauen und grünen Glasteilchen dekoriert. Die Wand dahinter enthält den Ofen zum Pizzabacken. Wie die Trennwand zum Café – und wie die Fassade des Doms – besteht diese Wand aus blauem Marmor und Travertinstreifen. Gebrochene Wellen an der Oberkante symbolisieren auch hier den Bruch des Mittelalters und der neuen Zeit, ein bißchen die Grenze zwischen See und Erde.

In der Raumecke gibt es eine Nische, die einfach mit einer geschmiedeten Stahlplatte überdeckt wurde und damit diesem Platz etwas Geheimnisvolles gibt. Schaut man genau hin, entdeckt man in der Form eine Frau mit langen Haaren und Augenbrauen – ein magischer Vorhang, der sich zu einem undefinierbaren Raum hin öffnet. Durch das Mischen von Neon- und Halogenlicht wurde eine besondere Lichtatmosphäre erreicht. Horizontale und vertikale Oberflächen harmonisieren diese Lichtsignale. Die Wände wurden mit „Algalite" gestrichen, wodurch sie bei künstlicher Beleuchtung eine eigentümliche Verfärbung erfahren. Festigkeit und Halt bekommt dieses zauberhafte Café durch einen Schieferboden, der die Materialien Messing, Kupfer und Stahl der Möbelelemente und Leuchten unterstreicht.

Café Italia

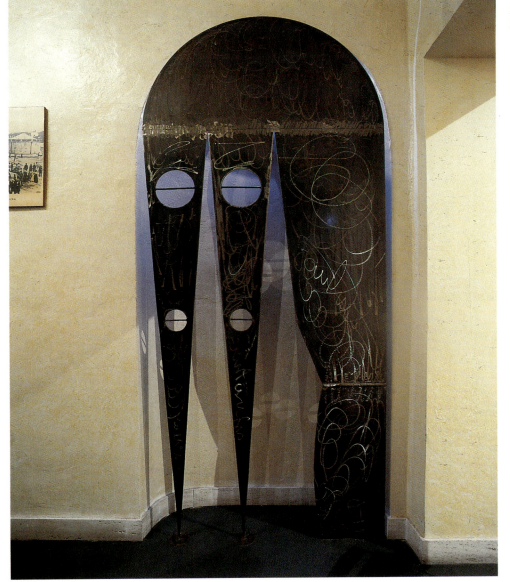

Café Italia, Prato, I

Café Italia is located in the heart of the historic old part of the town of Prato. It had become somewhat run-down since 1970 and seemed small and cramped. A rediscovered medieval vaulted ceiling and the nearby cathedral in combination with new symbolic elements characterize the design of the café bar, which merges into a pizzeria at the rear. The cash register counter stands opposite the massive bar counter of rosewood and blue marble. Wall slabs placed in front of the actual walls and glass storage elements interact with the shape of the ceiling arches, underlined by light objects of copper, brass and steel. The wave-like side wall of the bar is repeated in the partition wall which divides off the back room. The materials used — Travertin and blue marble — are a reference to the cathedral façade. The wall symbolizes the separation and connections between the Middle Ages and the present. The numbers on the clock seem to do somersaults and distort time. The broken wave wall reappears in the pizzeria. The wall behind the counter embodies the pizza oven. A niche in the corner of the room is mysteriously concealed by a sheet of steel. An almost magic curtain with a female figure, it seems to entice the observer into the unknown. Neon and halogen lighting create an unusual lighting atmosphere which emphasizes the materials of the room.

Architekt: Joannis Ranos, Athen

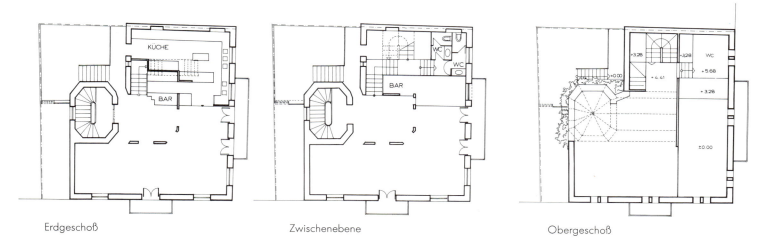

Erdgeschoß   Zwischenebene   Obergeschoß

Gegen Ende des 19. Jahrhunderts wurde dieses Haus gebaut – ein typisches Bürgerhaus seiner Zeit, das im Laufe der Jahrzehnte wechselnden Nutzungen diente. Zuletzt wurden die Räume für die Universität verwendet, die ganz in der Nähe liegt. Ein altes Eisentor öffnet sich auf einen langen, schmalen Gang mit fischgrätartig verlegten Bodenziegeln. Über eine Außentreppe gelangt man von hinten in das Gebäude hinein. Was der Architekt hier geschaffen hat, ist schon überraschend. Alte Decken und Zwischenwände wurden offenbar herausgenommen. Nur die Außenwände sind erhalten geblieben, auf denen das Dach ruht, dessen hölzerne Konstruktion von unten zu sehen ist. Halbhoch hineingestellte Mauerscheiben mit Türöffnungen bilden einen kleinen Vorraum, von dem aus das ganze Restaurant erschlossen wird. Im Erdgeschoß stößt man sofort auf die Bartheke mit der Tür zur Küche.

Hinter der eingestellten Wand gelangt man in den Hauptraum mit kleinen Marmortischchen und gepolsterten Sesseln. Die sanfte Raumstimmung aber bewirkt das Licht, das aus abgestuften Deckenpartien, aus Lichtsäulen zwischen den Fenstern und den Türen verwandten Rahmenformen oberhalb der Fenster fließt. Manche Fenster führen zu kleinen Balkonen hinaus. Von einem Teil des Raumes aus kann man auf die Zwischenebene schauen. Hier wird die Verbindung zum alten Gebäude besonders deutlich, gleichzeitig aber auch die Eigenständigkeit des neuen Baukörpers mit der Treppenanlage, die in eine sichtbare Stahlkonstruktion hineingestellt wurde.

Über diese Stahltreppe mit Marmorstufen gelangt man zur Zwischenebene mit den WCs. Eine Galerie gibt den Blick nach unten frei. Eine weitere Treppe führt nach oben – fast direkt unter den Himmel. Ein kristallin geformter Glasaufbau schafft eine Dachgartenatmosphäre von besonderem Reiz. Wo hier von tropischen Pflanzen umgeben gespeist wird, wurde früher die Wäsche getrocknet. Im Raum nebenan war der Waschraum.

Unter dem Dachgarten befindet sich noch das alte Treppenhaus, das in den neuen Farben und mit einer zauberhaften Lichtdecke zu einem besonderen Schmuckstück des Hauses geworden ist.

Durch die zentrale Lage und die langen Öffnungszeiten (von 9.00 Uhr bis 3.00 Uhr nachts) wechseln auch die Gäste: früh kommen eher junge Leute zum Kaffeetrinken, mittags kommen Büroleute, und abends wird das Publikum etwas eleganter, aber doch recht gemischt. Angeboten wird eine internationale Küche mit kleinen exotischen Snacks. In seiner Funktion und Ausstattung ist es ein modernes städtisches Café-Restaurant – nicht zu vergleichen mit dem alten griechischen Kafenion und seinen männlichen Gästen.

Café Restaurant 1900, Athen, GR

This nineteenth century building is entered through an old iron gate and a long, narrow passageway from the rear. Until recently the building was used by the nearby university. Now ceilings and partition walls have been removed and an extremely varied, multistorey café cum restaurant has been created. Partition elements like theatrical backdrops create an anteroom which provides access to the café. Behind the open wall, marble tables and upholstered chairs are bathed in the soft glow of the column lighting elements and the tiered backlit ceiling. From below there is a view of the mezzanine, where the restroom facilities are located. A separate steel construction with a marble staircase leads almost up to the sky via a balcony. A glazed roof with crystalline contours arches over a roof garden with tropical plants. Laundry used to be hung to dry here. Because of the central location and the long opening hours (9 a.m. to 3 a.m.) the clientele is quite a mixture. This modern, urban café restaurant offers international cuisine with small exotic snacks.

Architekten: Dinse-Feest-Zurl, Hamburg

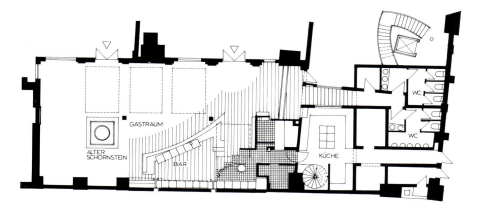

1980 ging die einstmals größte Schiffsschraubenfabrik der Welt, Zeise, in Konkurs. In ihre weitläufigen Hallen in Hamburg-Altona zogen 1987 Firmen und Büros der Film- und Medienbranche. Das Hamburger Filmbüro von Hark Böhm fand hier ebenso Platz wie ein Medienhaus und zwei Kinos. Jürgen Flimm wird mit seinem Theater noch kommen, und auch ein Musiktheater wird noch einziehen. Wo so viele Firmen einer gesprächsfreudigen Branche zusammensitzen, darf ein Café nicht fehlen. Das Café war von vornherein Teil des Gesamtwettbewerbs „Das Kino von morgen", der die Umnutzung der ehemaligen Fabrikhalle vorsah.

Da die Fabrikgebäude teilweise gut erhalten waren, sollten sie auch erhalten bleiben und instandgesetzt werden. Neue Teile sollten – einem neuen Zeitgeist folgend – integriert werden.

Und es ist überraschend, welche Sensibilität die Architekten hier im Café im Umgang mit dem alten Gemäuer zeigten:

Mitten im Raum steht die mächtige alte Schornsteinanlage – früher ein Zentrum für die Eisenschmelze. Einfaches schwarzes Caféhausgestühl gruppiert sich drum herum. Der helle Marmorboden läßt sie leicht und schwebend – veränderbar erscheinen. Kraftvoll und mächtig dagegen wirken die ursprünglichen Stahl- und Mauerwerkskonstruktionen im Raum. Manche alte Stahlteile tauchen als Kunstwerke auf. Und ein in einen Stahlrahmen gefaßter Mauerwerksausschnitt zeigt die durch aggressive Dämpfe geätzte Mauerstruktur – Erinnerung: der Stein, der zum Eisen wurde.

Eisen und Stein – **Eisenstein –**, ob in alter oder neuer Zeit, taucht als Thema immer wieder auf. Aber Eisenstein, der dem Café-Restaurant seinen Namen gab, war auch ein Mann der Filmbranche: der russische Regisseur Sergej Eisenstein, der den Film „Panzerkreuzer Potemkin" drehte. Sein Abbild hängt über dem Tresen. Und dessen Schiffsform erinnert schon wieder an die ehemalige Schiffsschraubenfabrik.

An Stahlteile aus schweren Schiffsleibern erinnern auch Stahlschürzen im Bereich der Pizzaküche und der Stahl-Eingangstüren.

Trotz düsterer Erinnerungen an eine Zeit, die von härtesten Arbeits- und Lebensbedingungen geprägt war, ist die Atmosphäre im Restaurant eher hell und warm durch leuchtende Wandpatinierungen und helle Lichtelemente.

Das **Eisenstein** hat täglich von 11 – 2 Uhr geöffnet. Und es kommen durchaus nicht nur Film- und Medienleute hierher, obgleich Hark Böhm, der sein Hamburger Filmbüro hier aufgebaut hat, meint, das **Café Eisenstein** sei schon zu seinem Ersatz-Wohnzimmer und zur Ersatz-Küche mit der besten Pizza der Stadt geworden. Es ist ein Café, das sein Flair aus dem gewachsenen Industrieambiente bezieht.

Café-Restaurant Eisenstein, Hamburg, D

In 1980 Zeise — formerly the largest manufacturer of ships' propellers in the world — went bankrupt. In the course of the "Cinema of Tomorrow" competition the spacious manufacturing shops came to a new use. In 1987 businesses in the film and media branch and a café moved in. The factory buildings were partially in good repair, so they were used as is and sensitively complemented by new elements. The focal point of the café is the smoke stack system, which used to be the central hub of the iron smelting process. The coffee-house chairs almost seem to float before this background of massive brick and iron constructions. A framed section of brickwork evokes memories: the stone that turned into iron. "Eisenstein" is a theme (iron-stone) and also a Russian film director, who made the movie "Battle Cruiser Potemkin". His picture hangs above the ship-shaped bar counter. The shapes and materials of the bar and the pizza kitchen are reminiscent of ships hulls. The darkness of the past blends with the bright atmosphere of today. For Hark Bohm, who has set up a film company here, the café is an ersatz living room with the best pizza in town.

Architekt: Jean-Pierre Heim, Paris

In einer kleinen Seitenstraße einer eleganten Geschäftsstraße in Frankfurt wurde dieses hochwertige Café-Bistro mit Restaurantcharakter etabliert. Der Name **Die Leiter** – Symbol für filmische Szenerie – nimmt Bezug auf das nahegelegene Opern- und Konzerthaus „Die Alte Oper". Das Symbol taucht als Neonform wieder auf, in der Menuekarte und als Tromp l'oeil-Malerei im hinteren Teil des Raumes, aber auch in realer Form am Eingang, um Gäste zum Kommen einzuladen. Scheinwerferlicht flutet im Inneren von der Decke. Fünf Projektoren zeigen Bilder auf der Rückwand des Gastraumes, und auf riesigen, gemalten Filmstreifen sind die Tagesmenues zu lesen. Auf jedem Tisch liegen Bleistifte, um auf der Papiertischdecke „kreativ" sein zu können. Ein schwarz-weißer Marmorboden zieht sich diagonal durch den Raum. Versatzstücke des Theaters und Improvisation sind auch bei der Bar zu entdecken: die Barwand setzt sich recht ungleich aus Marmorfliesen und Ziegeln zusammen. Auf einer Mauer aus Glasbausteinen sind die Flaschen und Gläser hinter der Bar aufgereiht. Auch die zwei ionischen Säulen aus Pappmaché verstärken den Eindruck des Theaters. **Die Leiter** trägt wechselnden Kunden des Tages Rechnung: mal Café, mal Bistro mit schnellen Snacks für die Angestellten des umliegenden Geschäftsviertels, mal Restaurant für den Abend: elegant und versnobt, witzig und leger – ein bißchen Szenerie und Selbstdarstellung.

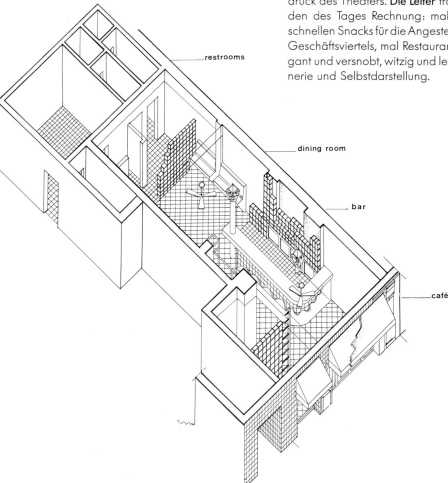

restrooms

dining room

bar

café

Die Leiter, Bistrorant, Frankfurt/M., D
The café and bistro **Die Leiter** (The Ladder) is located at the edge of an elegant shopping district and alludes to the nearby opera and concert hall — „Die Alte Oper". The ladder symbol appears in neon form, in the menus and as a tromp l'oeil painting in the interior. Theatrical light floods from the ceiling. Five projectors display city scenes on the walls; the day's menu is written on huge painted film strips. Theatrical props are also evident at the bar: marble tile and brick alternate in the walls. The fake Ionic columns are only made of papier-máché. The clientele changes according to the time of day — elegant and snobbish, witty and casual — a bit of scenery and theatricality.

Architekten: King Kong, Stefano Giovannoni und Guido Venturini, Mailand

Heerscharen von Studenten, Architekten und Japanern haben die Bar besucht, seit sie eröffnet wurde: ein märchenhaftes Spektakel aus Pop, Punk und filmischer Szenerie. Hinter diesem farbenprächtigen Ereignis auf der Piazza S. Agostino nahe dem Dom steht auf der einen Seite die Familie Cavicchi, die seit den 60er Jahren die **Bar Maddalena** führt. Seitdem die Geschwister Enzo, Giordano und Miriam, 35 – 45 Jahre alt, die Bar übernahmen, haben sie immer versucht, einen öffentlichen Platz zu schaffen, der Reaktionen und Haltungen stimuliert und in der Entwicklung anderen Bars weit voraus ist.

Auf der anderen Seite gibt es zwei junge Architekten aus der radikalen Florentiner Schule, die mehr Wert auf eine kühne Substanz als auf schöne Zeichnungen legen. Sie vermischen neueste Trends und Stile mit den Mythen vergangener Jahrzehnte, einschließlich der Musik z. B. eines Pink Floyd der 60er Jahre. Sie beschreiben sich selbst als Gründungsmitglieder des „Bolidismo", als Grenzgänger einer zweiten Modernität.

Diese zwei jungen Architekten schufen **Maddalena Loveburger** mit seiner Geschichte an den Wänden. Es ist keine Bar und auch keine Diskothek. Es ist ein Lokal, wo man tagsüber zum Mittagessen hingehen kann, wo nachmittags Studenten und Teenager sitzen und spezielle Angebote nur für sie konsumieren. Es ist ein Café, eine Cafeteria, ein Restaurant mit Tischservice, ein Pub, eine American Bar, ein Tabak mit viel Musik von 11 Uhr mittags bis 3 Uhr nachts. 184 Gäste haben hier Platz

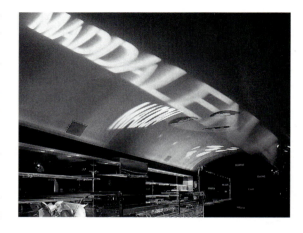

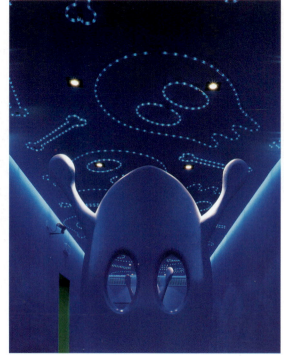

zum Sitzen plus der, die sich an der Bar von Enzo ver-
wöhnen lassen. Und die Bar liegt direkt im Eingangsbereich, einem langen tonnengewölbten Tunnel, auf dessen Decke das Wort **Maddalena** projiziert ist mit einem
stilisierten Frauengesicht. Irgendwie erinnert es an Film-
mythen, insbesondere an „Metropolis" von Fritz Lang.
Auch Gedanken an einen Luftschutztunnel drängen
sich auf, in dem Lichtstrahlen der Flugzeuge den
Nachthimmel schneiden. Die lange, schwarze Granit-
theke mit viel Glas und Chrom verstärkt diese Stimmung. Von hier aus geht es weiter in einen seegrünen
Raum mit grünen Bonbonapplikationen an den Wänden. Ein Lichtstreifen an der Decke macht ihn haltloser.
Durch eine Türöffnung kann man in den nächsten
Raum schauen: ein blauer Raum. Neonröhren zeich-
nen die Deckenform nach. Am auffallendsten aber sind
die hohen, flachen Skulpturen mit großen Augenöff-
nungen und zwei Antennen neben den Tischen. Diese
fast überirdisch wirkenden Comic-Strip-Freunde können sich um die eigene Achse drehen und je nach
Wunsch dem Gast mehr Intimität geben. In kleinen
Lichterschlangen sind das Leitmotiv der Bar – ein abge-
wandelter Totenschädel – und Knochen an die Decke
gezeichnet. Auch im schwarzen Raum daneben mit
blauem Licht ist das Schädelmotiv mit Herzaugen zu
finden: es wurde groß an die Wand gemalt. Ebenso
gemalt sind unzählige Wortfetzen. In ihrer freimütigen,
tautologischen Einfachheit scheinen sie wie Abkürzun-
gen, Fragmente einer Liebesunterhaltung zu sein (ciao,
ti amo, peccato …). Beliebtestes Zimmer ist das rote mit
der Herzapplikation und den Worten „Ti amo" an der
Wand. Hier können nur zwei Personen sitzen.
Die ganze Bar ist wie eine Welt von Comics und Mär-
chen, die an Pop-Art oder Alice im Wunderland erinnert. Es ist eine Welt der Mode mit strahlend brillanten
Farben, Spotlights und trompe-l'oeils, um die Vorstellung einer oberflächlichen Welt zu erzeugen, in der
Gedankenfetzen an den Bedarf an Liebe oder Ge-
liebtwerden skurril übersetzt werden. Mit ihrer zeichen-
haften Sprache erinnern sie sogar an Stücke von Fran-
kenstein wie „Die Schöne und das Biest".

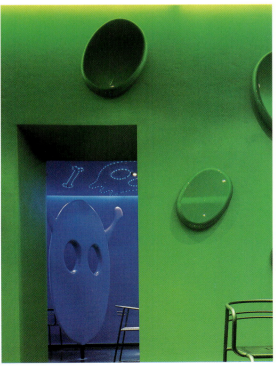

Bar Maddalena Loveburger.
Jeder Raum mit eigener Gestaltung

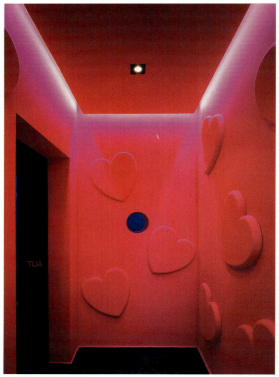

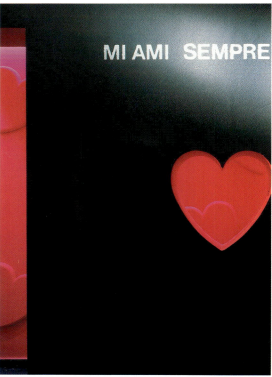

Bar Maddalena Loveburger, Prato, I
Maddalena Loveburger is a fairy tale spectacle of pop, punk and film scenery near the cathedral. The siblings Enzo, Giordano and Miriam Cavicchi run this café-restaurant, which has been the talk of the town for years. The two young architects belong to the radical Florentine school and mix the latest trends with the myths of past decades. **Maddalena Loveburger** is a combination of café, cafeteria, restaurant, pub, bar and tobacco shop with plenty of music from 11 a. m. till 3 a. m. The bar is located in the tunnel-like entrance area. Pictures projected on the ceiling are reminiscent of the film "Metropolis" or of the light beams of anti-aircraft artillery. Behind the black granite counter is a sea-green room with lozenges in relief on the walls. In the blue room beside it neon tubes underscore the shape of the ceiling. The tall, flat sculptures with large eye sockets and antennas which stand beside the tables seem almost unearthly. The leit-motif of the bar — a skull with heartshaped eye sockets — twinkles on the ceiling in chains of Christmas lights and has been painted on the wall of the adjacent black room. Countless word fragments appear on the wall like snatches of a lovers' conversation. The most popular spot is the red room with relief hearts and the words "Ti amo" on the walls, which seats only two. The bar is a world of comics and fairy tales, a world in which the need for love is depicted in bizarre fashion.

Architekt: Prospero Rasulo und David Shaw-Nicholls, Mailand
Lichtobjekte: Nanda Vigo

Brera: einer der ältesten Stadtteile von Mailand. In der Via Madonna war früher ein einfacher Tabakladen. Heute ist hier die **Bar Montmartre:** künstlerisch, schräg, schrill – frei nach dem Motto des Architekten: „erst kommt das Ornament, dann die Funktion!". Und so finden sich doch tatsächlich auf dem Boden der Bar nicht weniger als dreizehn verschiedene Granit- und Marmorarten in Grau, Braun und Rostrot. Aber der Boden ist wirklich „lustig". Und dieses Schräge, Verspielte, das die Formenwelt des ganzen Raumes erfaßt, hat natürlich seinen Hintergrund: Rasulo ist Schüler von Sottsass und Mendini, durch ihr Styling von „Memphis" seit über 10 Jahren auch Laien ein Begriff.

Wie seine Vorbilder verwendete er naiv und respektlos zugleich die Verspieltheiten des Kunsthandwerks. So wurden z.B. die Wände mit einer Acryl-Kupferfarbe gestrichen, die je nach Lichteinfall stark glänzt, gar wie gespannter Stoff aussieht. Sehr gut dazu passen die aus Rohblech gewalzten Heizungsverkleidungen. Handwerklich reizvoll sind die kleinen Bistrotischchen, jedes mit einer anderen Granitplatte bedeckt. Es wimmelt von Materialien im Raum – Kupfer, Blech, Gußeisen, Marmor, Granit und Keramik – und doch fügt sich alles zu einer, wenn auch bunten Einheit zusammen. Im Erdgeschoß wird der Raum von einer großen, langen Theke bestimmt mit einer ungewöhnlichen Edelstahlskulptur darüber. Gegenüber kann der Gast an halbelliptischen Glastischchen an der Wand Platz nehmen. Wer eher nach draußen blicken will, nimmt seinen Espresso und Grappa auf den vorderen Plätzen des Raumes ein. Im Keller hingegen findet der Besucher eine intime Piano-Bar. Ein altes Gewölbe-Mauerwerk blieb hier als Decke bestehen. Das „urbane Chaos" im Erd- und Untergeschoß verbinden die reizvollen Lichtobjekte Nanda Vigos: „Light Trees" – Lichtbäume nennt sie sie, hinter deren flachen „Ästen" sich verschiedenfarbige Neonröhren verbergen. „Licht ist das Wichtigste für Körper und Seele", sagt Nanda Vigo. Und spielerisch werfen die „Bäume" ihre Schatten durch den Raum.

Einige Banalitäten sind vom Inhaber hinzugefügte Objekte wie Ascher und Gläser, deren „barocke" Formen dem Architekten das Herz bluten lassen, die dem Besucher aber in noch stärkerem Maße die „andere" Form bewußt machen. Erst die Begegnung der Alltagswelt mit der Kunst macht für uns beides bewußt und erlebbar.

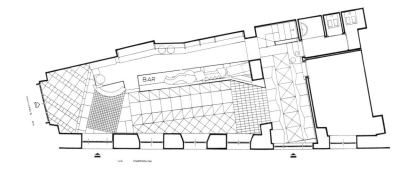

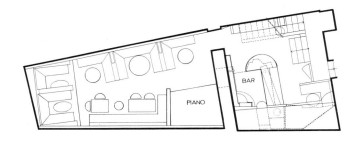

Café-Bar Montmartre.
Café-Bar im Erdgeschoß

Café Bar Montmartre, Mailand, I
The **Montmartre bar** is located in Brera, an old section of Milan. It is artistic, eccentric, gaudy — roughly according to the motto of Rasulo, a disciple of Sottsass: "first the ornament and then the function". He toys with materials and handcrafted details in a naive and flippant way. Thirteen different types of granite and marble have been used for the floor. The walls were painted with acrylic copper paint to achieve a fabric look. Copper, sheet metal, cast iron, marble, granite and ceramics intermingle in the room. The ground floor is dominated by a long counter with a stainless steel sculpture above. An intimate piano bar with old vaulted ceilings is situated in the cellar. Light objects by Nanda Vigo unite the urban chaos upstairs and downstairs: "light trees" with coloured neon tubes. She asserts, "Light is the most important thing for the body and soul." The shadows cast by her light trees blend with the artistic interaction of space.

Piano-Bar im Souterrain

Architekt: Yasuo Kondo, Tokio

La Costa D ist mehr ein Restaurant, denn ein Café im europäischen Sinne. Aber es birgt so viele Überraschungen im Raum, daß ich denke, wir sollten einen Blick hineinwerfen.

Der Eigentümer dieses Hauses, der vorwiegend seine Geschäfte im Bereich der Mode, Immobilien und Restaurants betreibt, hatte dieses Haus in einer Wohngegend gekauft, um die Distributionsabteilungen für seine Modeproduktion unterzubringen – und im 1. Stock noch ein Steak-Restaurant. Für das Erdgeschoß war nichts Besonderes geplant. So kam der Vorschlag für ein Restaurant auf, das für dieses Haus und diese Gegend interessant sein könnte. Es hat von 12.00 Uhr mittags bis 12.00 Uhr nachts geöffnet, offeriert Snacks und leichte Getränke, aber auch ungewöhnliche Meerestiere und abends eher härtere Getränke.

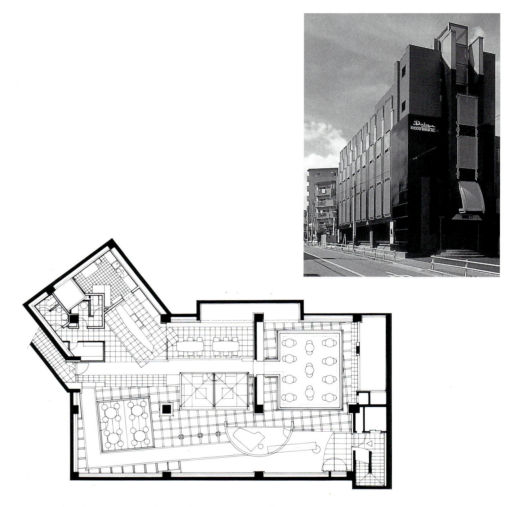

Bei der Gestaltung der Erdgeschoßebene überlegte der Architekt, wie er sich von der Vorstellung eines festumschlossenen Raumes lösen könnte, denn für gewöhnlich definiert sich der Innenraum durch einen konstruierten, vorgegebenen Baukörper mit seinen Abmessungen etc. Er entwickelte daher eine Vielzahl von Strukturelementen, die zu dem vorhandenen Bau in eine besondere Beziehung treten – eine sehr japanische Auffassung der Innenarchitektur, bei der die Raum-Objekt-Beziehung eine große Rolle spielt. Zu den künstlichen Strukturen kommt dann noch „Natur" hinzu: künstlicher Rasen bedeckt einen Teil der Flächen, und Wasser fällt aus kleinen Schlitzen aus den Wänden heraus. „Wasser" in Form von blauen und weißen Fliesen bedeckt zu 30% die ganze Bodenfläche. In dieser Wasserlandschaft stehen Glaspavillons als einzelne Räume arrangiert. Sitzbereiche sind mit stilisierten Metallzäunen umgeben. Eine halbhohe Glaswand umschließt das Piano. Ungewöhnliche Lichtinszenierungen, von der Decke und aus freistehenden Stahlsäulen kommend, verleihen dem Raum ein faszinierendes Licht, als ob Sonnenstrahlen versuchten, durch die Äste eines Waldes zu dringen. Diese subtilen Material- und Lichteffekte sind ungewohnt für den europäischen Besucher im Restaurantbereich – für den Japaner hingegen jenseits von Arbeits- und Wohnwelt Entspannung und Anregung zugleich.

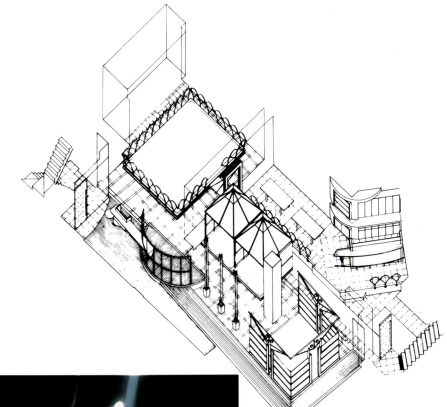

La Costa D, Tokio, J

La Costa D is more of a restaurant with an unusual and surprising spatial design. It is situated on the ground floor of a modern multistorey commercial building. It is open from noon till midnight and serves snacks and light beverages, stronger drinks in the evening. The architect wanted to consciously free himself from the constraints of the existing structure. He designed a number of various structural elements, which develop a new relationship between themselves and with the building. Artificial structures have been replaced by "nature": artificial grass was used for the floor surface in one seating area; water trickles out of slits in the wall. "Water" in the form of blue and white tiles covers 30% of the floor area. This water landscape is full of glass pavilions. Seating areas are partitioned off with stylized metal fences. Unusual lighting effects create the impression of a forest in the morning light.

La Costa D.
Ungewöhnliche Lichtinszenierung

Architektin: Isabelle Poulain, Paris

Die Industriestadt Lille besitzt ein altes, pittoreskes Viertel, das heute ganz langsam wieder erneuert wird. Hier entstand ein Bar-Restaurant ganz ungewöhnlicher Art. 135 Personen finden hier Platz, können sich am Buffet bedienen, Brochettes selbst grillen oder aus vielen Grillspezialitäten auswählen. Zum Grillen paßt auch das Thema der Architektur.

Als das Restaurant geplant wurde, sprach man gerade von der berühmten Ralley Paris-Dakar; in den Kinos liefen Streifen wie „Out of Africa", „Der grüne Diamant" und Filme von Indiana Jones. Vor diesem Hintergrund träumte der Besitzer von einem bunten Dschungel und Wüstensand.

Die Architektin schöpfte aus ihrem Erfahrungsschatz in heißen Ländern und schuf die fiktive Abenteurerfigur des Bwana Jones, der mit seinem Flugzeug im Dschungel landet. Über der Eingangstür begrüßt er als Neonform den Gast. Propeller als Türgriffe stimmen handfest in das Thema ein, das sich in der vollen Raumbreite von 10 m erschließt: gleich rechts am Eingang gibt es die wellblechüberdeckte Bar mit Zebrahautverkleidung. Mit der „Wellblechhütte" erinnert die Architektin an

Einfachstbehausungen von Wüstenexpeditionen – aber auch an zahlreiche Hütten auf der französischen Insel La Réunion. Der Boden vor der Bar ist aus Holz. Auf der linken Seite setzt das Flugzeug Bwana Jones' gerade zur Landung an. Es ist ein echtes Propellerflugzeug im verkleinerten Maßstab mit Landebeleuchtung am Boden. An der Wand dahinter eröffnet sich das dramatische Farb- und Materialspiel eines übersetzten Dschungels: Skulpturen aus farbigem Blech symbolisieren Bäume; aus dreieckigen Öffnungen fallen Lichtstreifen auf Wand und Decke. Gefärbter Asphaltboden imitiert den Wüstensand. Auf der linken Wand dazwischen wickelt sich die Geschichte des Bwana Jones ab. Ein nachtblauer Wandhimmel mit optischen Fasern als Sterne umgibt das Flugzeug; orange-gelb und steinfarben setzt sich die Illusion von Sand, Bergen und Stein fort. Grün und blau wird es zur Grotte hin, einer Höhle mit vielfarbigen Leuchtkäfern, die dem Forscher als Unterschlupf dient.

Metallische, stilisierte Flugobjekte kreisen unter der Decke. Auf gebürsteten Aluminiumstühlen schaut der Gast diesem Schauspiel zu.

Das Dschungelschauspiel wickelt sich auf der linken Seite des 30 m langen Restaurants ab. In der Mitte zischt vom Eingang aus eine zickzackartige Leuchtstofflinie wie eine Zündschnur die Decke entlang durch den Raum. Vor „Hütten" aus feingeriffeltem Alu-Blech kommt sie zum Stehen. Hinter diesen Wänden verbergen sich die Nebenräume und Toiletten. In Edelstahl und ebenfalls geriffeltem Alu-Blech ist auch der Küchentrakt auf der rechten Seite hinter der Bar. Ein großer Grill schiebt sich als Zentrum in den Restauranttrakt hinein. Ein Dschungelszenarium aus Metall, Farbe und Licht.

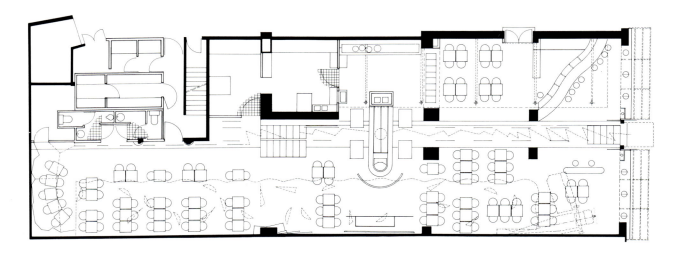

Bar-Restaurant Bwana Jones, Lilles, F

In an old, picturesque area of the industrial city Lille there is an unusual restaurant specializing in broiled dishes. Movies such as "Out of Africa", "The Green Diamond", Indiana Jones films and the Paris-Dakar Rally provided the background for the owner's dreams of jungles and desert sands. The architect created the fictitious adventurer Bwana Jones who lands his airplane in the jungle. Propellers as door handles introduce the theme. A corrugated metal canopy over the zebra skin bar brings desert expeditions to mind. A real propeller airplane built to scale seems to be landing on the left. Beyond it a dramatic interaction of colours and materials creates a jungle setting: metal sculptures, a midnight blue sky with optical fibre for stars, illusions of sand, stones and mountains, even a grotto as a shelter. Stylized flying objects hover below the ceiling. The jungle backdrop on the left side of the room is 30 metres long. A zig-zagging neon line leads from the entrance to the huts made of finely corrugated metal which conceal the restrooms and secondary rooms. The same material was used for the kitchen and grill area.

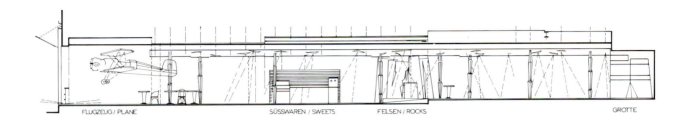

FLUGZEUG / PLANE   SÜSSWAREN / SWEETS   FELSEN / ROCKS   GROTTE

Bar-Restaurant Bwana Jones

Architekt: Helmut Richter, Wien

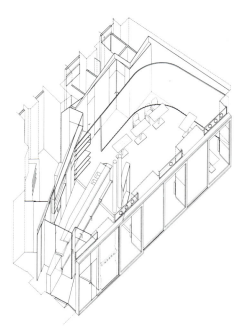

In der Rotgasse in Wien gibt es seit einigen Jahren ein Café-Restaurant, das vor allem für das jüngere Publikum zu einem „Renner" geworden ist – nur etwa 5 Minuten vom Stephansdom entfernt.

Viele Kunst- und Architekturstudenten umliegender Hochschulen kommen hierher – außer ihnen auch ein breites Publikum zwischen drei und 70 Jahren.

Was ist das Ungewöhnliche an diesem Restaurant, das offenbar so gar nicht nach altbewährtem „Wiener Kaffeehaus-Muster" geartet ist? Der Architekt, Professor Helmut Richter, bekannt durch Beteiligung an ungewöhnlichen Ausstellungen, schrieb selbst einmal in „Umbau 8": „nicht die Wiederholung, das Sammeln und Arrangieren von Elementen der Vergangenheit tragen zur Erkenntnis bei – nur das Unwahrscheinliche bringt neue Informationen und Erkenntnis".

Das **Kiang** – benannt nach dem Betreiber Thomas Kiang, der hier eine gute, chinesische Küche offeriert – ist unwahrscheinlich. Es ist ein Restaurant, ein Café, eine Bar, in der die chinesische Einfachheit in die europäische Formensprache verwandelt wurde. Das Restaurant lebt von einer ganz eigenen Stimmung durch ihre klaren Farben Rot, Blau, Gelb und Grün und der Rhythmik der Flächen und Körper im Raum. Vom Eingang aus schiebt sich eine lange Bar in das Innere: kühl, nüchtern, mit Edelstahl verkleidet. Auf schwarzem Gumminoppenboden geht es über eine Stufe an zwei verkleideten Raumstützen vorbei, an die sich eine grüne, gewölbte Lochblech-Garderobe anlehnt – ein bißchen unwirklich anmutend, wäßrig in dieser

Umgebung von glatten, strukturlosen Farbflächen. Im kühnen Bogen umspannt eine rote Wand die Raumecke: ein aufgespanntes, industrielles Material, eine Lastwagenplane, dessen Farbe und Materialeigenart an Spannung und Dynamik appelliert. Tiefblau schauen dahinter gefaltete Wände hervor, hinter denen sich Nebenräume und Toiletten verbergen. Es ist ein beruhigendes Blau, das dem Raum Weite verleiht. Ein leuchtendes Gelb zieht sich in Paneelen über Wände und Decke. Breite Fugen zwischen den Paneelplatten laufen in verschiedenen Richtungen durch den Raum und verwischen, wie auch schräggestellte Wände und abgekippte Deckenbereiche, die eigentlichen Proportionen des Raumes. Die Architektur verändert den Raum, schafft Irritationen und Illusionen.

Das **Kiang** ist ein Raum voller Spannung und Anregung. Und das ist auch der Sinn eines gestalteten, informativen Umfeldes, zwischen Gast und Raum zu kommunizieren. Die Wiener Architekten Eichinger und Knechtl erinnerten im Zusammenhang mit dem **Kiang** an den spannenden Film „Mein Essen mit André" von Louis Malle. Zwei Männer sitzen sich in diesem Film in einem Restaurant gegenüber und reden miteinander – 110 Minuten lang. Die Dramatik liegt in der Begegnung und in einem emotionalen Wechselspiel der beiden Charaktere. Und das **Kiang**? Das könne man sich durchaus als die „räumliche Essenz" zu diesem Film vorstellen.

Also doch das Unwahrscheinliche mitten in Wien.

Café-Restaurant Kiang, Vienna, A

The premises formerly housed an insignificant storage room close to St. Stephan's Cathedral. Today Kiang is particularly in vogue with the art and architecture students, but also with almost anyone from three to seventy. The architect does not believe in collecting and arranging artefacts of the past, but is rather a proponent of the improbable, which provides new information and knowledge. In Kiang with its Chinese cuisine, Chinese simplicity has been given a European translation with vibrant colours such, as red, blue, yellow and green. A long stainless steel bar on black rubber flooring projects into the room. The watery green perforated metal coat rack leans against the constructional supports. A red truck tarpaulin hangs in a corner of the room in a daring curve. Behind it dark blue walls conceal the secondary rooms. Bright yellow wooden panelling covers the walls and the ceiling; it camouflages and disguises the actual proportions of the interior. Kiang — a room full of suspense and excitement — could perhaps be the spatial essence of the Louis Malle film "My Dinner with André". In this movie two men sit opposite each other in a restaurant and talk — for 110 minutes.

Architekt: Sergio Bianconcini

Im alten Rom verstand man unter Forum eine Begegnungsstätte des öffentlichen Lebens.

Im Herzen der Wiesbadener Altstadt trägt ein Bistrorant diesen Namen, in dem ein italienischer Architekt seine Spuren hinterlassen hat. Viele Ideen hat auch der Mitinhaber Chester Sauri eingebracht, der im benachbarten Frankfurt/M. noch andere Lokale führt, wie z.B. das Edelbistro **Die Leiter** (S. 126).

Wie **Die Leiter** ist auch das **Forum** ein Bistrorant für gehobene Ansprüche mit ital.-französ. Küche. „Witzig, aber nicht zu ausgefallen", beschreibt die Geschäftsführerin Françoise Sauri das Speisenangebot. Das gilt eigentlich auch für die Architektur: ungewöhnlich gute Details überraschen den Besucher in einer eleganten und kühlen Atmosphäre. Die Farbe Türkis prägt das optische Erscheinungsbild – aber auch klare Linien, runde Formen, edler Marmor, gemalte Wandpaneele, Glas und indirektes Licht – ein Material- und Formkonzept, das auf etwa 15 Jahre angelegt ist.

Vorgesetzte stilisierte Säulen erinnern an römische Vorbilder. Sie stehen hinter hohen Glastüren an der Außenfassade. Viel Tageslicht strömt durch diese herein, und im Sommer können die Gäste hinaustreten. Durch eine Faltkonstruktion lassen sich die Türen zur Seite klappen und erweitern den Gastraum auf den Vorplatz.

Der ungünstige Grundriß des Raumes wurde vom Architekten sinnvoll genutzt: Säulen im Raum wurden rund verkleidet, dazwischen eine neue Wendeltreppe aus Chrom, Plexiglas und Marmor gelegt. Kleine Birnchen an der Mittelsäule leuchten dem Gast bis nach oben.

Der Treppendurchbruch mündet hier oben in ein spitzwinkliges Glasdach, durch das man direkt auf die Bar darunter schauen kann. Dreiecke und Rundungen wiederholen sich überall im Raum. Im Erdgeschoß wurde ein großes Oval auf dem Boden mit weißem Marmor ausgelegt, eingerahmt von kleinen grünen Marmorfliesen. Weich geschwungen ist auch die Form der langen Bartheke, deren Vorderfront, wie auch die Wände des Raumes, mit Sperrholzstreifen belegt ist. In einer aufwendigen Spachteltechnik haben italienische Handwerker eine marmorähnliche Oberfläche geschaffen, die an kritischen Stellen mit Plexiglas geschützt wird. Hinter der Bar ist eine kleine Spülküche, die per Sprechfunk mit der oberen Küche verbunden ist. Vier Köche stehen von 12 Uhr mittags bis Mitternacht bereit. Statt einer Zapfanlage in der Küche, die die Gesetzgebung nicht genehmigte, gibt es nun eine Patisserie-Ecke. Trickreich sind selbst die Toilettenanlagen mit Marmorwaschbecken und reliefartigen Fliesensäulen. Funktion in Form gebracht. Das Forum ist ein Beweis dafür.

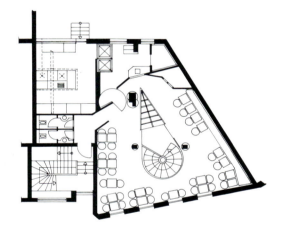

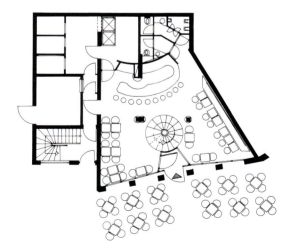

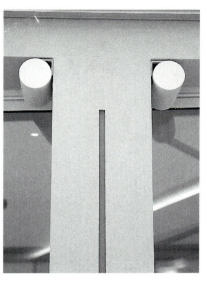

Bistrorant Forum, Wiesbaden, D

In ancient Rome the "forum" was a meeting place. In Wiesbaden it is a refined bistro with Italian and French cuisine, in which the Italian architect and the owner Chester Sauri have made their mark. The atmosphere is elegant, cool and almost Italian with marble, painted wall panelling and stylized columns behind the fold-able glass façade. A new spiral staircase made of chrome, plexiglass and marble leads upstairs, illuminated by tiny lights in the central support. An angular glazed roof permits a view of the bar. Four cooks work their magic from noon until midnight. Triangles and curves appear repeatedly in the room. Even in the rest-room area everything is angular and deceptive, with room-enlarging mirrors, relief columns and turquoise for the fittings. Function has been given a form.

Architekt: AXYZ, Gerd Burla, Zürich

Die **Blaue Ente** gilt als das Restaurant für die Trendsetter Zürichs. Doch, da es neben der Bar auch einen Stehtisch und auch sonst einiges zu bieten hat, gilt es auch als Bistro mit Low-Tech-Flair. Es liegt im Hof einer ehemaligen Mühle, die unter Denkmalschutz steht, gebaut in einem „Schlößchen"-Stil der Jahrhundertwende. Die **Blaue Ente** liegt zwischen zwei Backsteingebäuden in einem Glaspavillon mit japanischer Anmutung. Am Eingang beginnt eine lange Theke als Speiseausgabe. Die Verkleidung aus gewelltem Chromblech verleiht der Bar eine gewisse funktionelle Ästhetik. Ein großes schwarzes, 2 m hohes Rad (und ein dazugehörender Oldtimer-Kompressor) unterteilt den Raum so geschickt, daß die „Halle" mit ihren 80 Sitzplätzen an Größe verliert. Zwar sind diese großen alten Räder und Maschinenteile völlig ohne Funktion, aber irgendwie erinnern sie an die alte Mühle. Man denkt gar an Tinguely. Industriecharakter hat auch die unverkleidete graue Mauer aus groben Steinen. Vor dieser langen Rückwand wurden kleine Nischen geschaffen mit eingelassenen Fenstern in der Decke, so daß man am Tag sogar den Himmel sehen kann.

Grau ist auch die Decke in diesem Raum. Sonst gibt es nur noch die Farbe Weiß für die Tischdecken und Lüftungsrohre unter der Decke und einen dunkelbraunen Parkettfußboden. Auffallend ist ein leuchtendes Ultramarin als Kante um ein Rad gemalt und als Stellwand im Hintergrund. Ungewöhnlich in dieser Industrieatmosphäre aber ist das Licht, bestehend aus unzähligen grazilen Halogenlämpchen mit weißen Schirmen, die das ganze Lokal angenehm hell erstrahlen lassen. Auch die Nachbarschaft der **Blauen Ente** hat ihre Reize: die ehemaligen Fabrikgebäude beherbergen Galerien, Werbestudios, Fotoateliers, ein Mühlenmuseum, Modellagenturen etc.

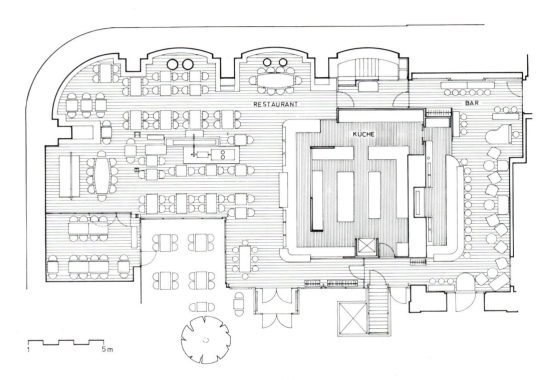

Geschichte der Blauen Ente

um 1410	– vom Vogt und Gerichtsherrn von Alt-stetten als Tavernenwirt-schaft eingerichtet auch Unterkunft für Pilger, Kaufleute und andere Leute
im 15. Jh.	– im „Freistübli" der **Blauen Ente** konnte der Wirt Verfolgte (außer Mördern, Ketzern und Verrätern) beschirmen
1779 – 1889	– im Besitz der Familie Wehrli, 1810 – 1885 unter Major Jakob Wehrli, der mit Louis Napoleon (N. III) die Offiziers-schule besucht hatte und der ihn später im Lokal besuchte
1986	– die Nachfahren von der Familie J. Wehrli eröffnen in der Mühle Tiefenbrunnen ein neues Bistro-Restaurant **– Blaue Ente**

Blaue Ente, Bistro-Restaurant.
Die mit gewelltem Chromblech
verkleidete Bar

Blaue Ente, Bistro-Restaurant, Zurich, CH
The **Blaue Ente** (Blue Duck), a trendset-
ting restaurant cum bistro with Low Tech
flair, is located in a glass pavilion in the
courtyard of a former mill constructed in
turn of the century pseudo "castle" style.
The food is served at a long counter
sheathed in corrugated chrome at the
entrance. A large, black, two metre
high wheel with a compressor conven-
iently divides the "hall" with seating for
80 and brings to mind the old mill. The
rough stone walls, with alcove seating
accomodation, are industrial in character, as are the thick, white ventilating
pipes on the ceiling. The blue edge on
the wheel, the blue of the partition in the
background and the lighting, which is
produced by myriad tiny halogen
lights, are striking in this black and
white industrial atmosphere. Not only
the history of this restaurant is interesting: it goes back to the year 1410. The
surroundings are also fascinating: galleries, advertising, photography and
dance studios, a mill museum, bouti-
ques, etc.

5 Cafés und Schnellrestaurants
Cafés and Fast Food Restaurants

Menfis, Sandwich-Bar,
Barcelona (s. S. 150)

Architekten: Stefano Mingaia und Argentina Carretti, Florenz

Auch in Italien haben die Städter immer weniger Zeit, sich genüßlich in ihren geliebten Café-Bars und Restaurants aufzuhalten. So entstand in Siena wohl das erste Fast-Food-Restaurant, das sich doch erheblich von den bekannten unterscheidet.

Das **Il Barbero** liegt im Erdgeschoß eines schönen, alten Gebäudes aus dem 14. Jh. direkt an der Piazza del Campo, dem Platz, wo alljährlich das Palio, das Pferderennen, stattfindet. In dem italienischen Film „Il burbero", Der Brummbär, 1987, von Castellano und Pipolo, findet am Rande des Geschehens gerade dieses Pferderennen statt. Nach einem der traditionellen Gewinner-Pferde, einem Berberroß – il barbero – ist dieses Lokal benannt worden. In drei langen Räumen sind Restaurants untergebracht. Verschiedene kleine Räume werden je nach Tageszeit als Café, Tea-Room oder auch als Bistro genutzt. Obschon es gerade in der Mittagszeit einen schnellen Gästewechsel gibt, ist es so geplant worden, daß es alle Annehmlichkeiten eines guten Restaurants hat – zu einem niedrigen Preis. Auf diagonal verlegten weißen und dunkelgrünen Marmorfliesen stehen gepolsterte Bänke und Stühle an Cafétischen mit Marmorplatte. Jeder Raum hat eine eigene Farbgebung, die aber sehr zurückhaltend ist. Und das muß auch sein. Denn für dieses Restaurant wünschte sich der Eigentümer eine ganz besondere Gestaltung, die sich nun als dauernde Sammlung von künstlerischen Objekten darstellt. Viele Künstler und Designer arbeiteten mit den Architekten zusammen, um zu den Gaumenfreuden der Gastronomie einen räumlichen „Garten der Freuden" zu schaffen. Und so entwickelten alle beteiligten Künstler zu dem Thema „Garten" Objekte. Von den Architekten stammen die falschen Pflanzen aus bemaltem Metall sowie die Spiegeldekoration mit unzähligen kleinen Spiegelstückchen. Die Standard-Lampe entwickelte Alessandro Mendini. Neben den Pyramiden-Objekten im Raum stehen Keramik-Skulpturen von Arrigo Bencini Tesi. Von der Decke hängen Pflanzen aus Spitze und Kristallglas von Sheila Klein. Die große, halbmondförmige Malerei, die fast einem farbigen Schnittmuster ähnelt, ist von dem Künstler Roberto Remi. Ein Foto des Studios Occhiomagico tritt aus der Wand heraus. „Insekten-Frau" nennt sich das Bild mit dem grazilen, nackten Mädchen, das eine Metallmaske mit zwei Lichtantennen vor sich trägt.

So viele künstlerische Originale in ein Restaurant einzubringen, ist sicher mutig und zugleich ein Erlebnis. Aber auch in der Kronenhalle in Zürich hängen ja unzählige wertvolle Originalbilder an den Wänden. Und es ist noch keines entwendet worden. Darauf achten schon die Gäste.

Il Barbero, Café-Restaurant, Siena, I
Il Barbero — an unusual fast food restaurant — is located in an old 14th century building on the square where Siena's famous annual horse race takes place. One of the winners — a Barbary horse — inspired the name. In the three long rooms the restaurant's function varies from café to tearoom to bistro — pleasant and inexpensive. Upholstered benches with coffeehouse tables stand on the white and dark green marble floors. Each room has a different colour scheme and is decorated with unusual objets d'art with a "garden" theme, which combine the "charm of a garden" with the joy of food. There are artificial plants and mirrors by the architect, a lamp by Mendini, ceramic sculptures by Tesi, a lace and crystal arrangement below the ceiling by Sheila Klein, a semicircular painting by Remi and a photograph, "Insect Woman", by Studio Occhiomagico — fast food with a flair.

Architekten: BDM-Arquitectos, M. Briones, T. Dalmau, L. Marques, Barcelona

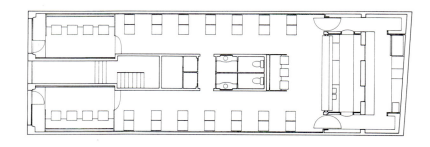

In einem der unattraktivsten Viertel von Barcelona liegt diese Sandwich-Bar **Menfis**. Früher war es einmal eine ruhige Mittelstandsgegend. Heute ist alles heruntergekommen – Ergebnis eines Baubooms der 60er Jahre mit Hauptverkehrsader mittendurch. Dieses Haus ist eines der letzten, das noch den alten Charme trägt. Im Erdgeschoß öffnen sich zwei große Schaufenster zu einem langen hufeisenförmigen Raum. Dazwischen führt eine alte Tür in die oberen Stockwerke. Dieser fast kellerartig wirkende Raum in dieser nichtssagenden Gegend inspirierte die Architekten zu einer Raumillusion, etwas zu schaffen, was an die Tempel Ägyptens erinnert – an Memphis, die alte Hauptstadt der Pharaonen, aber auch an Memphis/Tennessee, die Hauptstadt des Rock and Roll und Fast-Food.

Für sie bot dieser Raum die Möglichkeit, mit Hilfe der Architektur in andere Zeiten zu versetzen als Kontrast zum Niemandsland vor der Tür.

Drei einfache Elemente sind ausreichend für dieses Täuschungsspiel: Spiegel und Spiegelungen, gewölbte Formen und Sterne. Spiegel an den Wänden, die das Treppenhaus umschließen, schaffen eine zweite Wirklichkeit, verdoppeln ins Unendliche. Aber auch die glänzenden Fliesenwände reflektieren, schaffen Bilder wie von einer Fatamorgana in der Wüste Ägyptens. Die konkaven langen Formen oberhalb der Fliesen, neonbeleuchtet, werden in der Spiegelung zu Säulenkapitellen. Gemalte Sterne, ein Symbol in Ägyptens Tempel-Decken, kehren den Eindruck von der Außenwelt nach innen um. Und an der Decke gibt es noch gewölbte Glaspaneele, die die Decke schwebend und unwirklich erscheinen lassen. So erscheint der lange hufeisenförmige Doppelraum wie ein ritueller Korridor zum Tempelinnern, dessen geheimnisvolles Inneres sich aber nur dem erschließt, der dieses Spiel verstehen und mitträumen kann.

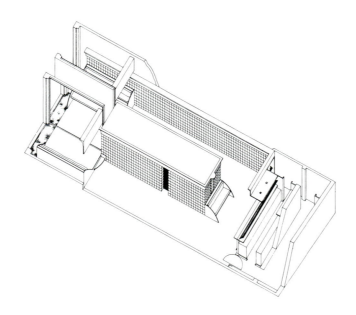

Menfis — Sandwich-Bar, Barcelona, E

Menfis is situated in a district which has become run-down because of the construction boom and major traffic arteries. The old building is still charming with two large display windows which open onto a long, horseshoeshaped room. The area inspired the architects to create a spatial illusion reminiscent of the ancient Egyptian city Memphis, as well as of Memphis, Tennessee with its rock and roll and fast food. Mirrors and reflections, which multiply the curved shapes and stars, create a new reality with capitals on the columns, just as in the temples of Egypt. The associations are comprehensible for the customer who can dream the same dream.

Architekten: Studio PER, Neapel

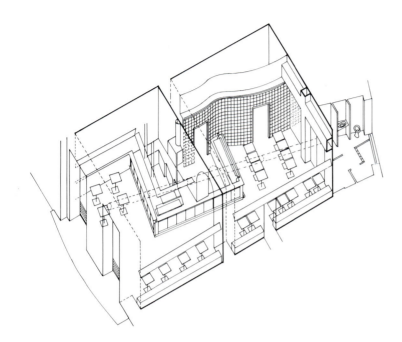

Eine der wohl bekanntesten Traditionen Neapels ist die der Cafés und Bars, in denen die Menschen sich treffen.

In der Vergangenheit fanden sich Literaten und Künstler in einem der berühmtesten Cafés – dem Café Gambrinus – zusammen. Aber auch diese Tradition stirbt langsam aus. Für die Planung eines neuen Cafés schien es wichtig, ein Bindeglied zu finden, zumal dieses im alten Zentrum aus dem 19. Jh. in der Piazza della Borsa gelegen ist – ganz nahe der Börse, der Universität und dem Geschäftszentrum. Irgendwo gab es da eine Verpflichtung, in einem sehr typischen Teil der Stadt etwas Verwandtes zu entwickeln, was mit der Vergangenheit zu tun hatte. Andererseits sollte es ein Platz werden, wo die Menschen täglich in schneller Form etwas essen können, wo sie aber auch eine Pause in ihrer Arbeit einlegen können (Cafeteria – Video – Bar).

Das schnelle Essen und die Entspannung bestimmten daher die Planung und die verwendeten Materialien. Zwei miteinander verbundene Räume geben den Blick frei auf einen Platz – durch zwei große Fenster mit alten Steineinfassungen. Auch das Versorgungselement mit Theke und das lange Belüftungsrohr verbinden die beiden Raumbereiche. Neue Formen und Richtungen korrespondieren mit dem vorhandenen Raum der Vergangenheit. Materialien wie Glas, Ziegel, Gummi, Aluminium und Stahl stehen für ein Kaffeehauspublikum, das andere Begriffe von Zeit, Zusammensein, Kultur und Konsum kennt als die Gäste von einst, die die alten Cafés berühmt gemacht haben.

Rick's Video Cafeteria, Naples, I

Even in the bars and cafés of Naples the guests and along with them the traditions are changing. In the middle of the commercial area, near the stock exchange and the university, this cafeteria was created — a spot for a break from work or for a quick meal with video entertainment and bar service. Quick meals and relaxation have determined the design and the materials. Two rooms — connected by a utility element and the counter — provide a view of the square in front of the building. New shapes and trends correspond with the room's past. Materials such as glass, brick, rubber, aluminum and steel symbolize a different clientele with new concepts of time, social gatherings and culture.

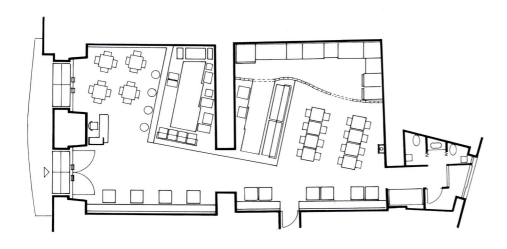

Architekten: Le Groupe Gautier de Pazzis, Paris

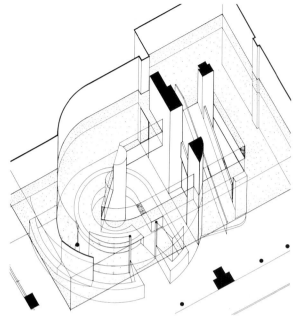

Wer in Paris aus dem Musée de Louvre oder dem Musée des Art Decoratifs kommt, kann direkt gegenüber in der Rue d'Echelle einen Kaffee trinken oder gar gepflegt speisen. Das **Café International** ist im alten Sinne eine weitläufige Brasserie: mit zwei Geschossen und Sitzplätzen vor dem Haus auf breitem Bürgersteig. Obgleich es den Namen **Café International** trägt, ist es weit mehr: es ist Frühstückscafé, Bistro und Bar genauso wie Mittags- oder Abendrestaurant – mit Selbstbedienung. Auf der Speisekarte findet man Roastbeef mit grünen Bohnen und Apfelkuchen ebenso wie Krabbensandwiches oder Languste à la parisienne. Ein sympathisches Schnellrestaurant zum Schlemmen.

Das „Internationale" an diesem Café ist wohl eher die Architektur, die gemäß des Prinzips eines „ökonomischen Realismus" funktionell und superprofessionell umgesetzt wurde: das Café ist weitläufig, klassisch-elegant, nüchtern wie die amerikanischen Cafeterien der 50er und 60er Jahre. Und doch ist es nicht der unpersönliche Saal, in dem sich der Gast verliert und verloren vorkommt. Einige der Gründe sind die ausgewählten, warmen Materialien. Mächtige Pfeiler wurden mit grünem Glasmosaik verkleidet und betonen die Vertikale der Räume. Waagerecht laufende Holzpaneele mit hellen Lisenen verkleiden ringsum die Wände. Auf ihnen zeigen Uhren die Zeit verschiedenster Städte der Welt an. Vor den Holzwänden ziehen lange, gepolsterte Bänke aus schwarzem Leder entlang, mit schlichten Tischchen und Edelstahlstühlen davor.

Besonders reizvoll sind die Plätze, deren Bogenfenster zu den berühmten Arkaden der Rue de Rivoli hinausschauen. Eine lange, zweiläufige Steintreppe verbin-

det die beiden Geschosse. Zentrum des Erdgeschosses ist ein in Edelstahl verkleideter Service-Bereich, der Essensausgabe, Verkauf, Kasse und Bar wirtschaftlich zusammenfaßt. Der zentrale Servicebereich und die Lage an der Straßenecke machten es möglich, drei Funktionsbereiche zu versorgen: die Terrasse an der Rue d'Echelle, die Gäste im Haus und den Straßenverkauf zur Rue de Rivoli.

Als das Café eröffnet wurde, stellte es die Zeitschrift **Elle** neben das **Café Costes**: sorgfältig designter Funktionalismus, aber mit mehr Wärme.

Und die erhält das elegante Schnellrestaurant vor allem durch den ganz persönlichen Bezug der Gäste zu den Betreibern. Die Brüder Raymont und René Mestre stehen selbst hinter der Bar und an der Kasse. Von hier aus haben sie nicht nur den Überblick, sie begrüßen auch oder verabschieden selbst die Gäste, so wie ihre Familie das seit über 100 Jahren in ihren Brasserien im Aveyron tat. Trotz Paris haben die Brüder die Höflichkeit gegenüber Gästen nicht vergessen.

Café International, Paris, F

The **Café International** is situated near the Louvre. It is a spacious brasserie with two storeys and seating accommodation in front of the building — a pleasant express restaurant and café even for gourmets. The architecture is international: spacious, classical and austere like the American cafeterias of the fifties and sixties. Nevertheless, a feeling of security is created by the warm materials, such as the green glass mosaic sheathing the pillars, the long wooden panels with clocks for the various time zones and the upholstered leather benches in front of it. The focal point on the ground floor is the service area made of stainless steel, which accomodates the food servery, sales area, cash register and bar all in one. The customers are served by the owners, Raymond and René Mestre, whose family has run pubs for over 100 years. They have not forgotten the art of hospitality and courtesy.

Café International.
Treppenaufgang

Blick zum zentralen
Thekenbereich mit Kasse

6 Cafeterien
Cafeterias

Deutsche Leasing, Bad Homburg v. d. H.,
Cafeteria (s. S. 158)

Architekten und Designer: Ulrich Heiken, Matthias Dietz, Bořek Šipek und David Palterer

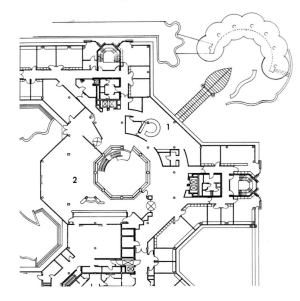

Auch Mitarbeiter eines Unternehmens wollen sich entspannen und gepflegt speisen. In der Hauptverwaltung der Deutschen Leasing in Bad Homburg v. d. H. (bei Frankfurt/M.) ist dies ein besonderes Vergnügen. Zum 25jährigen Firmenjubiläum erhielt das Unternehmen ein neues Gebäude, das auch als Verwaltungsbau konzeptionell von sich reden machte. Das Unternehmen versteht sich als „Akkumulation von Arbeitsteams, die zwar miteinander vernetzt existieren, aber auch ein Eigenleben und eigene Individualität besitzen". Das führte zu einem vielgliedrigen, filigranen Glas-Stahl-Baukörper, den der ehemalige Eiermann-Schüler Ulrich Heiken in Abstimmung mit den Mitarbeitern des Unternehmens entwickelte. ‚Für das angestrebte Ziel der Identitätsfindung' wurde ein Team von Architekten und Designern aus verschiedenen europäischen Ländern gebildet. Unter dem koordinierenden Geschick des Designers Matthias Dietz entwickelten der Italiener Palterer und der Tscheche Šipek zur Funktion die Emotion und Identität. Ihre Sensibilität in Form, Materialien, Licht und Symbolik ist auch im Restaurant und in der Cafeteria des Hauses abzulesen. Die Firmenkantine avancierte hier zum Restaurant als sozialer Treffpunkt — im Herzen des Hauses im 1. Obergeschoß gelegen. Um in der Mittagszeit völlig ohne Kunstlicht auszukommen, liegt es neben dem glasüberkuppelten, oktogonalen Innenhof und öffnet sich zur Gartenterrasse. An warmen Tagen werden die Glasschiebetüren beiseite geschoben, und die Mitarbeiter können draußen mitten im Kräutergarten speisen, Boccia spielen oder am Seerosenteich spazieren gehen. Innen wie außen ist es wie auf einem Marktplatz, auf dem Meinungen, Stimmungen und Gedanken ausgetauscht werden. Das gemeinsame Mittagessen bestimmt das „Wir-Gefühl" eines Unternehmens. Bei der DL treffen sich immerhin 80 % der Belegschaft im Restaurant. Im Bundesdurchschnitt sind es nur 30 %. Daß der Mitarbeiter sich hier so wohl fühlt, hängt von mehreren Faktoren ab. Durch eine stimulierende, fast poetisch anmutende Architektur im Bürobereich eingestimmt, trifft er hier auf eine ähnliche Raumsensibilität. Auf dunklem Wenge-Parkett versammeln sich die Lederstühle Tonietta von Zanotta um Granittische von Matthias Dietz, die an der Unterseite mit einem Schallabsorberelement versehen wurden, um den Geräuschpegel im Raum auf niedrigem Niveau zu halten. Die Tabletts sind grau und das Geschirr aus weißem Porzellan ohne Dekor — Corporate Identity auf dem Teller ist unbedeutend. Das Essen ist wichtig. Und dafür wurde eine besondere Ausgabe-Theke aus Sardobianco-Granit mit Edelstahlsäulen von David Palterer entworfen: nach Free-Flow-Manier kann sich der Gast sein Menü selbst zusammenstellen: Auch das gehört zur Individualität des Hauses. Köche und Gast werden nicht durch Vitrinen getrennt. Und durch Glasschiebetüren kann man in die Küche blicken, wo alles frisch zubereitet wird. Gegenüber dieser Theke teilt die Salat- und Getränkebar geschickt den Raum. Ein ebenso wichtiger Bestandteil des Restaurant-Konzeptes ist die Cafeteria auf der gegenüberliegenden Seite der Halle. Auffallend sind hier die roten Fauno-Stühle von David Palterer — eine Synthese aus dem Stahlrohr-Freischwinger und einem alten, römischen Holzstuhl — von Zanotta verlegt. Bistro-Tische, Stehtische und die Flexform-Couch „Max" erzeugen eine zwanglose Kaffeehaus-Stimmung. Geschwungene Wände und die halbrunde Café-Bar sind Zeichen einer durchgängigen Gestaltungshaltung des ganzen Gebäudes. Eine Besonderheit hier ist noch der Zahnputzraum mit privatem Schließfach für die persönliche Zahnbürste.

Restaurant Deutsche Leasing, Bad Homburg, D

For its twenty-fifth anniversary the company German Leasing constructed a new building, which is remarkable with regard to both conception and structure. In cooperation with the company employees, Heiken — a disciple of Eiermann — designed an intricate, filigree structure of glass and steel. A team, consisting of the designer Dietz and the architects Palterer and Šipek, was commissioned in order to establish the emotional identity necessary for the functioning of the building. Their sensitive use of shapes, materials, lighting and symbolism is evident in the restaurant and in the café. The company restaurant on the first floor is a social gathering place beside a glass domed atrium. It opens onto a garden terrace with a boccie court, an herb garden and a water lily pond. Eighty percent of the employees congregate here amid the leather chairs by Zanotta and the granite tables by Dietz, which are set off by the dark wengé parquet floor. The customer can plan his own menu at the servery of granite with stainless steel columns, which was designed by Palterer. The view of the kitchen is unimpeded and is equally important to the customers and the staff. The salad and beverage bar divides the room. In the cafeteria on the other side of the hall the red "Fauno" chairs by Palterer catch the eye in the casual coffeehouse atmosphere. The adjacent dental hygiene room with private lockers is a particularly original feature.

Architektin: Marie Christine Dorner, Paris

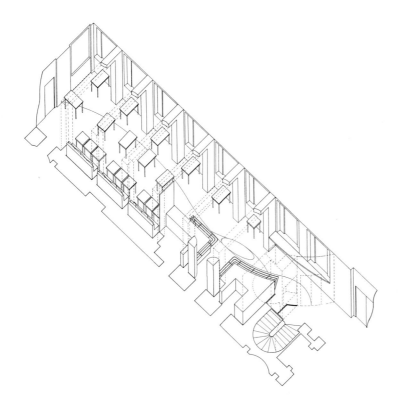

Direkt neben dem Palais Royal steht seit über 300 Jahren das berühmte Theater **La Comédie Française.** Es ist nicht nur ein prunkvoller, ehrwürdiger Bau mit vorgesetzter Säulenreihe, auch die hier aufgeführten Stücke waren eher klassischer Natur. Zum Repertoire gehörten französische Dramatiker wie Molière, Corneille und Racine. Erst seit kurzem werden auch moderne und sogar ausländische Stücke gezeigt.

In diesem Theaterhaus wurde eine ungewöhnliche Cafeteria eingerichtet – ungewöhnlich, weil sie auf den ersten Blick fast nichts mit der Welt des Theaters zu tun hat: keine theatralische Improvisation, keine Lichtdramatik, eher das Gegenteil: streng symmetrisch wurde in den langgestreckten Raum eine Struktur aus Stützen und Unterzügen eingebaut als Gliederungselement zwischen den Tischen. Große Lichttüten, auf denen Titelbilder von Molières Stücken eingeätzt wurden, betonen diese Stützen. Traditionelle Materialien und Farben korrespondieren mit neuen Formen. Auf dem Marmorboden stehen Tischchen mit rotgebeizten Platten und Stühle mit roter Lederpolsterung. Ein weiches Grau tragen die verputzten Wände. Nebelartige Rollos transformieren das Licht der Außenwelt bei Bedarf in eine zurückhaltende, fast unwirkliche Stimmung. Aus den abgehängten Deckenelementen fließt sanftes Licht herunter.

Künstlerischen Touch hat die Ablage der Edelstahl-Essensausgabe, aber auch die spiralförmige Fontäne aus Glasmosaik inmitten des Raumes.

Nur Mitarbeiter und Schauspieler des Theaters ziehen sich hier zum Essen und zur Entspannung zurück. Bei schönem Wetter können sie direkt auf den „Place des Colonnes de Buren" hinausgehen. Dieser Platz mit den schwarz-weißen Säulen in ungleicher Höhe hat der Künstler Daniel Buren geschaffen. Er stellt eine Ergänzung zum reizvollen Innenhof des Palais Royal dar, in dem der Brunnen plätschert und die Sonne durch die Bäume scheint.

Cafeteria Comédie Française, Paris, F
The Comédie Française theatre, a venerable building with rows of columns, has been situated beside the Palais Royal for over 300 years. In recent times even modern plays have been performed here. The cafeteria in this building for the personnel and actors is quite unusual. It is not a theatrical improvisation; a rather austere and elegant supporting structure was constructed as a partition element. The supports are emphasized by white lighting fixtures with frontispieces from Molière's plays etched in the glass. Tables with red stained tops and chairs with red leather upholstery stand on the marble floor. Grey walls and blinds in front of the windows create a trance-like mood. There are many artistic details, such as the spiral-shaped glass mosaic fountain in the middle of the room. The exterior area in front of the building is also an artistic delight. The open space with disparate black and white columns by the artist Daniel Buren complements the inner court of the Palais Royal in its own way.

Architekten: Christine und Klaus Peter Goebel, Stuttgart

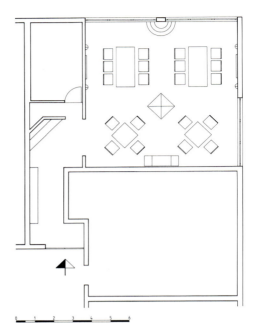

Auch in Fotostudios gibt es Mitarbeiter, Gäste und Kunden, die bewirtet werden wollen und mit denen man in ungezwungener, aber passender Umgebung über gemeinsame Projekte sprechen möchte, ohne immer gleich ein Café oder Restaurant außerhalb des Hauses aufsuchen zu müssen. Im Kontrast zu den dunklen, fast schwarzen Studioräumen sollte in dieser Cafeteria eine Atmosphäre entstehen, die hell und licht ist – in einer Farbskala von weiß bis schwarz reichend.

Auf diagonal verlegten grau-schwarzem Kunststoffboden stehen speziell angefertigte große, kubische Tische mit klassischen Bürostühlen in Aluguß. Im gleichen Diagonalraster reihen sich unzählige Lichtpunkte wie Perlenketten an der Decke.

Einige dekorative Elemente verleihen diesem Raum einen ganz persönlichen Charme, wie das schwebende Sideboard mit halbrundem Spiegel, filigrane Elemente für Kuchen und Dekoartikel. Eine Spiegelwand verdoppelt nicht nur den Raum, sondern auch ein in die Ecke verlegtes Barelement.

Cafeteria Rieker, Magstadt, D

In contrast to the dark, almost black studio rooms of the photographer, the atmosphere of this cafeteria was intended to be bright and airy, ranging from white to black. Large, cubic tables with classical office chairs stand on the diagonally laid grey and black vinyl floor. The same diagonal pattern is apparent in the myriad dots of light like pearl necklaces on the ceiling. The semicircular sideboard with its semicircular mirror and filigree wire elements for cakes and decoration exudes personal charm. A mirrored wall duplicates the room and one bar element.

7 Café – Sonderformen
Special Types of Cafés

Bahnhofscafé Fellini's,
Hagen (s. S. 168)

Architekten: BPR (Billig, Peters, Ruff), Stuttgart, mit Design-Center der Deutschen Bundesbahn

Gastlichkeit auf Schienen gibt es schon lange – fast so lange wie die Eisenbahn selbst. Schon 1836 fährt im US-Staat Pennsylvania ein Schlafwagen – eine auf Schienen gesetzte Postkutsche, mit Schlafkojen und Strohsäcken ausgestattet. Die eigene Waschschüssel war mitzubringen. Ein Salonwagen mit Tischen und Stühlen verkehrte 1880 auf der Anhalter-Bahn von Berlin aus. Und der berühmte Orient-Express, der ab 1883 zwischen Paris und Varna verkehrte, hatte natürlich auch einen Speisewagen. 1917 nimmt die Mitropa ihren Betrieb auf, 1949 die DSG. Zur Gastlichkeit im Zug gesellen sich bald Restaurants und Hotels an Bahnhöfen. IC-Restaurants und -Hotels entstehen in den 70er Jahren. In den 80er Jahren gar setzt sich die Gastlichkeit in der „Einkaufsmeile mit Gleisanschluß" in den Bahnhöfen durch – eine neue Form der Erlebnis-Gastronomie und zeitgemäßer Shoppingzonen.

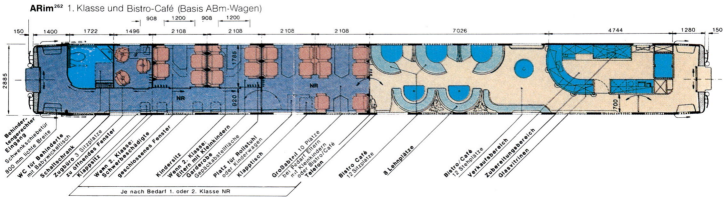

ARim²⁶² 1. Klasse und Bistro-Café (Basis ABm-Wagen)

Seit 1988 verkehren zwischen Flensburg und Konstanz, Köln und Berlin, zwischen Duisburg und Bebra sowie München und Leipzig, Saarbrücken und Stuttgart die Interregio-Züge mit ihrem Bistro-Café. Es liegt zwischen der 1. und 2. Klasse. Und inzwischen gibt es dieses in unterschiedlicher Ausstattung und Form auch im modernen Intercity und in dem Hochgeschwindigkeitszug ICE. Ich habe in allen gesessen, soweit dies möglich war, und mir persönlich gefiel das Bistro-Café im Interregio am besten.

Der Interregio ist ein interessant umgebauter Zug für das „Reisen in neuer Form". Charakteristisch ist dabei der architektonische Rhythmus Abteil-Großabteil-Großraum. Dieser neue Reiserhythmus wird auch durch eine abwechslungsreiche Wellendecke formuliert, deren beschwingte Form durch reizvolle Glaseinbauten für Abteile und Abtrennungen im Raum unterstützt wird. Das Motiv der Decke wurde in der Möblierung des Bistros aufgenommen. Kreisförmig angeordnete Plätze zum Sitzen, Hocken oder Stehen schaffen Ungezwungenheit und Gesprächsbereitschaft. Sogar Lichtobjekte, Pflanzendekoration und Wandschmuck wurden für diesen zentralen Raum entworfen. Aus dem Wagenmotiv abgeleitete Rollos, Speisekarten und Spiegel schaffen eine gewisse Unverwechselbarkeit. Da Messing überall dort im Zuge verwendet wurde, wo „angefaßt" wird, wird es auch hier für die Bistrotische verwendet. Die Tischflächen sind aus einbrennlackiertem Hartglas.

Alle Farben und Texturen wurden neu entwickelt und im Maßstab 1:1 getestet. Das Blau-Grün des Bistros entstand aus der Farbskala beider Wagenklassen: 2. Kl. Gelb-Grün-Rosa und für die 1. Kl. eine Komposition aus Blau-Rot-Violett. Im Bistro-Café bedient sich der Reisende selbst – nur auf stark befahrenen Strecken soll auch bedient werden.

Die Bistro-Stewardeß oder der Bistro-Steward hinter der Theke aus Granit und Glas sind vieles in einer Person: Restaurantleiter, Steward, Gästebetreuer und Produzent kleiner Leckereien wie z.B. Croissants und Brezeln (die dank modernster Technik im Wagen gebacken werden), aber auch vieler warmer und kalter Snacks, Teigwarengerichte und Salate. Durch die Versorgung über ein Container-System ist alles täglich frisch.

Das Bistro-Café ist eine kurzweilige und angenehme Form des Reisens.

Bistro-Café Interregio DB, D

The German Railway Interregio trains with their Bistro Cafés have been in service since 1988. The Intercity trains and the ICE high velocity trains have the same bistro café service with a different design. The "new way to travel" was given a new architectural form, which took shape in the wave-like ceiling design that was also used for the bistro compartment. The circular seating and standing areas create a casual atmosphere. Decorative plants, light objects, specials blinds, menu cards and mirrors create an unmistakable image. The tables are made of brass and hardened glass. The blue and green of the upholstery was taken from the colour scheme of the first and second class cars. The traveller can choose from an assortment of cold and warm snacks at the granite and glass counter.

Amenities of railway hospitality have existed since 1836, when a Pennsylvanian mail coach on rails was outfitted with sleeping berths and straw sacks. In 1880 a saloon car was included in the train leaving Berlin. The renowned Orient Express has had a dining car since 1883. The Mitropa has been operating since 1917, the DSG (the German sleeping and dining car service) since 1949. Restaurants, hotels and shopping centers began sprouting up in train stations.

Architektin: Chantal Ladoux, Paris, mit Marc Alric

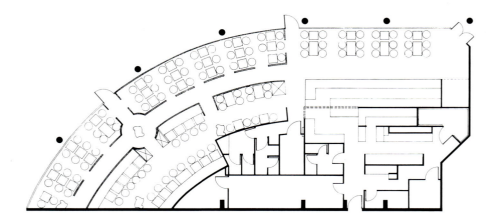

Mit dem TGV (dem Hochgeschwindigkeitszug Frankreichs) L'Atlantique ist Le Mans im Westen Frankreichs auf 55 Minuten an Paris herangerückt. Zum Atlantik, wo der TGV eingesetzt wird, ist es auch nur eine Stunde. Dort liegen die Werften Nantes und St. Nazaires, in denen auch die großen Oceanliner gebaut werden. An einen solchen erinnert das Café L'Atlantique im neugebauten TGV-Bahnhof von Le Mans. Sein Betreiber, Gilles Richiers, der aus dem Westen Frankreichs nach Paris kam und dort einige Hotels und Brasserien besitzt, ließ der Architektin freie Hand.

Ergebnis:

Eine lange, gerundete Fensterwand aus Stahl und Glas erinnert an Luxusliner, aber auch an die Glas- und Stahlkonstruktionen der Bahnhöfe des 19. Jh.s. Die Fenster lassen viel Licht in den großen Raum, der durch einen Spiegel saalartig vergrößert wird. Halbhohe Trennwände lassen ihn weit und offen erscheinen. Beherrschendes Material für Trennwände, Tischplatten, die Bar und die gebogene, große Wand ist eine braunlasierte Grobspanplatte („triply"), die von weitem wie ein Kirschholz aussieht, von nahem eher an Bruchmarmor erinnert und damit schon wieder einen Bezug zum Boden hat. Unzählige gleichförmige Dreiecke in Violett, Braun und Weiß rufen Erinnerungen an Böden der 50er Jahre wach, aber auch an eine Idee der Römer, gebrochene Kacheln am Boden zu verwenden – „d'opus incertum". Die Dreiecke des Bodens wiederholen sich in hinterleuchteten, blauen Glasdreiecken auf der gebogenen Innenwand, die wie Irrlichter auf dem dunklen Meer dahintanzen – eine „fresque lumineuse" des in Algier geborenen Künstlers Xavier Longobardi. Er hat in seiner Jugend 12 Jahre bei den Jesuiten gelebt. Die Erinnerung an das Licht sakraler Fenster ist deutlich spürbar. Longobardi ist ein vielseitiger, in Frankreich nicht unbekannter Künstler. Durch seine Arbeit im L'Atlantique kann zeitgenössische Kunst von allen entdeckt werden, auch von denen, die sonst nie in ein Museum gehen. Die Idee dieser Architektur, mit der Offenheit des Raumes, der hinterleuchteten Glaswand, der gebogenen Fensterwand darzustellen, daß ein Bahnhof ein Ort der Kommunikation ist, reich an Bildern und Träumen, ist Wirklichkeit geworden. Es ist ein Ort entstanden, der klar ist, leicht und einfach zu verstehen. Moderne Materialien wie Glas und Stahl neben traditionellen Werkstoffen wie „Holz" und blauem Velour (für die Stühle) demonstrieren die Bodenständigkeit und Zukunftsbezogenheit der Architektur des L'Atlantique.

Das Café hat von 6.30 bis 22.00 Uhr geöffnet, an Wochenenden von 9 – 22 Uhr. Seine Küche steht glücklicherweise der Tradition der französischen Provinz näher als dem hypermodernen TGV.

Station Café L'Atlantique, Le Mans, F
With the TGV — the French high velocity train — **L'Atlantique** it is only 55 minutes from Paris to Le Mans. The Atlantic Ocean is barely another hour away. In the newly constructed TGV station there is a café of the same name, in which the long curved window wall of steel and glass is suggestive of the Atlantic and huge ocean liners. Medium high partitions preserve the room's brightness and spaciousness. The furnishing elements were constructed out of a type of chip board which resembles quarry marble as does the floor. Myriad, identical triangles in mauve, brown and white create associations with the fifties or even with Roman mosaics. The triangle motif is repeated in the backlit, blue glass triangles on the curved interior wall — an almost sacral "fresque lumineuse" by the artist Xavier Longobardi. The openness of the room with its now familiar glass art creates a place of communication, rich in pictures and dreams, down-to-earth and futuristic at the same time. The kitchen is open from 6.30 a. m. until 10 p. m. Fortunately the cuisine is more characterized by French regional cooking than by the hypermodern TGV.

Architekten: Gruppe BauArt, Mülheim/Ruhr

Hagen ist eine mittelgroße Stadt im Sauerland – am Rande des Ruhrgebietes. Mitten im Bahnhof in der Schalterhalle stößt der Reisende unerwartet auf ein Café, dessen Name **Fellini's** schon neugierig macht. Und es hat tatsächlich etwas mit der Filmbranche zu tun. Früher war hier einmal eine große Bahnhofsgaststätte mit 460 m², die schlecht aussah und auch schlecht lief. Im 1. Obergeschoß aber gab es dazu ein typisches „Bali-Schmuddel-Kino".

Bei den ersten Untersuchungen stellten die Architekten fest, daß das Kino noch aus den 50er Jahren stammte mit einer gut erhaltenen Architektur, die zu erhalten sich lohnte. Dem neuen Pächter gefiel auch die alte Nutzungsidee. So wurde das Kino im Stil der 50er Jahre restauriert und hieß von nun an „Metropolis". Vom großen Restaurantbereich im Erdgeschoß wurden 240 m² für drei weitere Kinos abgezwackt mit beziehungsreichen Namen wie „Casablanca", „Manhattan" und „Roma". Auf den verbliebenen 220 m² entstand nun ein Café für Reisende und Kinobesucher – vom Frühstückscafé über Tagescafé mit Bistro bis zum Treffpunkt in der Nacht. Gleich hinter der großen Glastür am Eingang werben Kinoplakate für ein wirklich gutes Programm. Eine schwungvolle breite Treppe, noch aus der „alten Zeit", führt nach oben. Ganz im Stil der 50er Jahre empfängt eine lange, geschwungene Bartheke den Besucher. Auch die Barhocker mit rotem Lederbezug und Ziernägeln erinnern daran. Verschiedenartige Spiegel und ein Gläserregal vor hinterleuchtetem, blauen Plexiglas und das Signet des Cafés in Leuchtschrift schaffen eine ungezwungene Atmosphäre, die, wie die Bar, in den weiten Raum hineinreicht. Der immer noch große Raum wurde in großzügige Stehbereiche gegliedert. Eine lange Sitzbank führt an der Wand entlang, und auf einem Podest, das sich vor dem Fenster entlangzieht, laden viele Tische mit schwarzen Caféhausstühlen ein. Auch hier am Fenster lockt das strahlende Blau die Gäste an. Es sind die Farben des gesamten Raumes, die auf einem Bahnhof so unerwartet sind:

Auf dunklem Schieferboden stehen eichene Podeste, auf denen die Ahorntischplatten mit schwarzen Stühlen besonders strahlen. Lachsfarbene, marmorierte Wandbeläge umschmeicheln den Raum und verleihen ihm den Hauch des „Gebrauchten". Tropische Pflanzen schaffen ein Stück Erinnerung an den Film „Casablanca". Auch die dekorativen Elemente spielen auf das Filmmilieu an, wie die Bühnenscheinwerfer an dem Stahlträgersystem, das umlaufende gelbe Neonband unter der Decke, torso- und flügelähnliche Gebilde wie auch der in ein Tüllnetz gehüllte Kristallkronleuchter an der Decke.

Neonschriften weisen auf die verschiedenen Kinos hin. Es ist eine cineastische Atmosphäre, unwirklich zwischen den 50er Jahren und heute liegend.

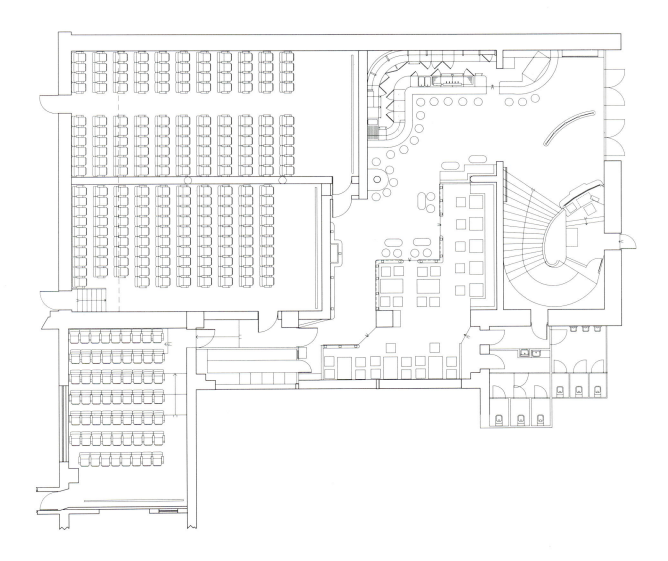

Bahnhofscafé Fellini's.
Großzügige Steh- und Sitzbereiche

Station Café Fellini's, Hagen, D

Hagen is a medium sized city in the Sauerland region of Germany. A surprising café called Fellini's is located in the train station. The premises formerly housed a not particularly popular station restaurant with a typical station cinema on the first floor. As a result of the investigations of the architects a delightful fifties cinema worthy of preservation was discovered. It is now called "Metropolis". Two hundred and forty square metres of the former restaurant are now taken up by three additional cinemas called "Casablanca", "Manhattan" and "Roma". The remaining 220 square metres were used for a café aimed at travellers and cinema patrons. It is a gathering place for everything from breakfast to a light night bar stop. Beyond the sweeping staircase from the fifties is a bar in the same style. Red leather upholstery on the bar stools, mirrors, blue plexiglass and neon lettering have a casual welcoming effect. Stand-up tables, platforms, coffeehouse chairs, tropical plants, salmon pink wall coverings and dark slate floors evoke a cinematic aura which is underlined by the small stage spot lights, the neon ribbon and the objets d'art on the walls and ceiling.

Architekten: Stephenson Architecture, Manchester

GALLERY

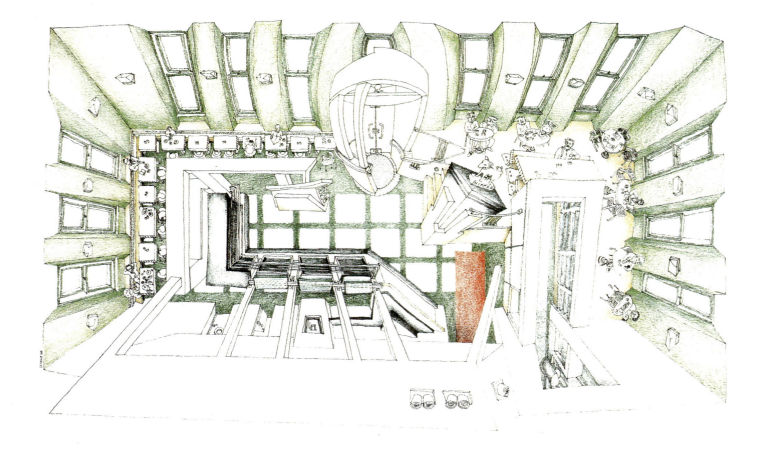

Café und Buchverkauf gibt es in vielen Museen. In England ähneln manche eher einem Warenhaus, denn einem Entspannungsannex zum Museum.

Eine sensible Ausnahme ist das **Gallery Café** der City Art Gallery in Manchester. Das Museum befindet sich in einem der interessantesten klassizistischen Gebäude des englischen Architekten Charles Barry, dem Erbauer des Houses of Parliament. Direkt von der Straße aus gelangt man durch eine weiße Zylinderform in den langgestreckten, schmalen Buchladen oder in das Café. Zwei Sitzbereiche ziehen sich vor den hohen, imposanten Fenstern entlang und umschließen den Service-Bereich. Ein Teil des Cafés liegt etwas höher auf einem Ahorn-Dielen-Podest. Von hier aus kann man die Besucher kommen und gehen sehen und zur Waterhouse-Stadthalle gegenüber schauen. Der Aufgang dieses Plateaus wird durch einen überdimensional großen Granitblock mit Büste betont. Sensibel ist auch der Servicebereich in diesen historischen Raum eingefügt. Statt üblicher High-Tech-Selbstbedienungstheken wurden hier mit schwarzen Stahlkuben viktorianische Herde stilisiert und in aufgereihter Form auf ein durchgehendes Granitpodest gesetzt. In der Stahlrippenstruktur für die lange Glasablage setzt sich der schwarze Stahl fort bis zur filigranen Lichtbrücke unter der Decke. Einfache und schlichte Eleganz zieht sich durchs ganze Gebäude. Das macht die Kassettendecke besonders schmuckvoll, die bei der Restaurierung herausgearbeitet und in die neuen Raumproportionen eingebunden wurde.

Das Muster des Kunststoff-Bodens korrespondiert mit der Kassettendecke. Das helle Ahornholz bringt die Wärme in die zurückhaltende, kühle Eleganz, die durch die modernen Amat Toledo-Stühle in poliertem Aluminium noch betont wird. Der neue Raum für den Buchladen, der unmöglich lang und eng erschien, erwies sich durch seine Lage zum Café und Museum als großer Vorteil. Seit der Eröffnung des Cafés, das auch für Museums-Veranstaltungen benutzt wird, sind die Besucherzahlen angestiegen.

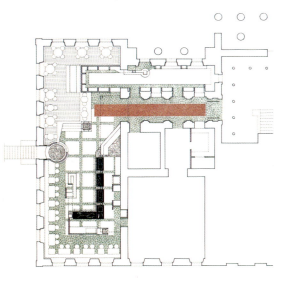

Gallery Café, Manchester City Art Gallery

Gallery Café, Manchester, GB

The **Gallery Café** is located in the City Art Gallery — a classicist building by the English architect Charles Barry, who was also responsible for the design of the Houses of Parliament. A cylinder-shaped structure provides access to the bookshop and to the café. Two seating sections encircle the servery. One part of the café is on a higher level, from where there is a view of the Waterhouse Town Hall opposite. The café and bookshop as well as the servery have been integrated into the historical structure with sensitivity. Black steel cubes on a continuous granite platform look like stylized Victorian ranges. Black steel has been used for the glass shelves and the lighting fixtures. Simple, modern elegance underlines the coffered ceiling, the pattern of which is repeated in the vinyl floor covering. Light maple and aluminum Amat Toledo chairs complement the cool austerity. The location of the bookshop and café have proven to be a great advantage.

Architekt: Gert M. Mayr-Keber, Wien

Das Kunsthistorische Museum in Wien birgt eine der bedeutendsten Kunstsammlungen der Welt. Als akuter Sanierungsfall war es zuletzt ins Gerede gekommen. Sein Direktor, Prof. Fillitz, nahm nun die Sanierung in Angriff und ließ als eine der ersten Maßnahmen ein Café einrichten. Gut geeignet dafür schien die Kuppelhalle im 1. Stock. Nun ist nicht nur die Kuppelhalle, sondern das ganze Museum ein eindrucksvoller Bau, der in den Jahren 1872–1881 von Gottfried Semper und Karl Hasenauer errichtet wurde. Die gesamte Innenausgestaltung, die noch bestens erhalten ist, ist Hasenauer zuzuordnen.

Auch die Kuppelhalle ist sehr beeindruckend mit vielfältigen edlen Materialien, Formen, Skulpturen und Reliefs ausgestaltet, so dominierend, daß es schwerfällt, eine Einrichtung für ein Café sinnvoll und zeitgemäß zu integrieren. Neben der Möblierung mußten auch Licht und Akustik und Wasserversorgung gelöst werden, Aspekte, die nie in dem Maße relevant gewesen waren.

Der Architekt versuchte nun, ein Interieur zu schaffen, das zwar auf den reich ausgestalteten Baukörper Bezug nimmt, aber möglichst „losgelöst" davon bleibt. So entstanden, der festlichen und würdigen Atmosphäre des Hauses angepaßt, kleine, gepolsterte Sessel, deren Polsterung nicht nur der Raumhärte entgegenwirkt, auch im Volumen dem Maßstab des Raumes entspricht. Für den Bezugstoff wurde ein Muster entwickelt, das sich aus den Ornamenten des Fußbodens ableitet. Sogar im Kaffeeservice-Dekor findet man es wieder.

Damit die Möbel möglichst eigenständig, vom Raum „losgelöst" bleiben, erhielten sie grazile Tisch- bzw. Sesselfüßchen. Es gibt keine Ein- und Anbauten. Selbst die Vitrinenbar steht frei vor den Säulen, und die Wasserrohre wurden als Gestaltungselemente frei im Raum geführt.

„Losgelöst" scheinen auch die Leuchten im Raum zu schweben. An einer lüsterartigen Hänge- und Stabkonstruktion tanzen die Niedervolt-Halogen-Lampen durch den Raum, die selbst im abgeschalteten Zustand eine reizvolle Deckenstruktur bilden und etwas die Raumhöhe reduzieren.

Da dieses Museum nun einmal in Wien steht, ist dieses Museums-Café ein richtiges Kaffeehaus mit viel Atmosphäre geworden.

Österreichische Hersteller haben dieses Vorhaben auch finanziell stark unterstützt. So hat Backhausen die Stoffe entwickelt, Wittmann die Fauteuils und Tischplatten, Lilienporzellan (ÖSPAG) stellte das Geschirr her. Entwicklungskosten wurden oft nicht berechnet, manches zum Selbstkostenpreis abgegeben.

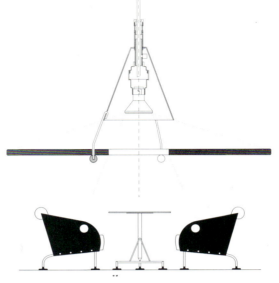

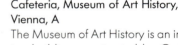

Cafeteria, Museum of Art History, Vienna, A

The Museum of Art History is an imposing building constructed by Gottfried Semper between 1872 and 1881; Karl Hasenauer supervised the interior decoration. As one of the first renovation measures, a café was incorporated into the Art History Museum. The domed hall on the first upper floor seemed to be very suitable, but its form and materials were so dominating that the integration of the lighting, acoustics and water installations presented substantial problems. The new interior is independent of the building structure itself. The scale of the small, festive, upholstered arm chairs is attuned to the room proportions. The pattern for the upholstery fabric and the china services was derived from the floor ornaments. Even the sculpture-like hanging lamps, which help to reduce the height of the room, seem to float, independent of the building. The realization of this very sensitively integrated café with its fascinating atmosphere was possible because of extremely generous financial support on the part of the fabric, furniture and china manufacturers.

Architekt: Volker Albus, Frankfurt/M.

Das ursprünglich aus Italien stammende Fürsten-geschlecht von Thurn und Taxis hatte im Deutschen Reich bis zum 19. Jh. die Rechte über das Postwesen inne. Seit dem 18. Jh. besitzt die Familie in Regensburg eine Residenz, deren Marstall, um 1830 gebaut, früher als Reitschule diente. Nun wurde der Marstall in ein Postmuseum umgewandelt. Und der Ausstellungs-architekt Volker Albus sollte auch gleich noch ein Schloß-Café dazu hinstellen. Denn für die Besucher des Schlosses von Thurn und Taxis kam nun noch das Museum als Attraktion hinzu. Umgeben von histori-schen Mauern mußte das Café aber schon etwas Besonderes sein. In Abstimmung mit dem Denkmalpfle-ger entstand ein langer, tunnelartiger Bau aus Eisen und kittlosem Glas: 15 m lang und 3,75 m breit. In der Sonne schimmernd, schiebt sich der gläserne „Zug" über den gepflasterten Hof, auf dem man unter weißen Schirmen auch im Freien sitzen kann. Zur Schloßstraße hin verbindet der Glasbau den Marstall mit einem Flügel der Residenz. Wilder Wein, Efeu und Rosen – Rankpflanzen, die überall auf dem Schloßgelände zu finden sind – wachsen zu beiden Seiten des Cafés und

werden das Glasgebäude wohl allmählich verschwin-den lassen. Das je nach Jahreszeit wechselnde Far-benspiel der Blätter gefällt sicher auch den Besuchern im Innern des Cafés. Selbst hier setzt sich das Flair von Rosen und Blättern in den Farben der Innenraumgestal-tung fort.

Auf einem Schieferboden mit Glasmosaiksteinchen stehen weißlackierte Eisenstühle mit pinkroter und grü-ner Polsterung. Es sind ungewöhnliche, romantische Möbel, die Elisabeth Garousté und Mattia Bonetti für dieses Café entworfen haben. Als Zentralfiguren des Neobarock schienen ihre Entwürfe am geeignetsten für ein modernes Bindeglied zu einem barocken Schloß. Auch die Tische sind von ihnen: zierliche Stahl-tischchen mit weißer Keramikplatte, handbemalt und einbrennlackiert mit Blättern und Rosen. Die Stühle werden inzwischen zu hohen Preisen von der Firma Anthologia Quartett in Serie produziert.

Das Tüpfchen auf dem „i" sind die Blumenlampen an der Längsseite des Raumes: rosafarbene Glastropfen an grünen Eisenstielen.

Sogar die Rückwand der kleinen Bar ist mit Rosen in gebrochenen Keramikfliesen verziert. An der Theke bekommt der Gast kalte und warme Getränke, Kuchen und einen kleinen Imbiß aus einer runden Kühlsäule. Von November bis Februar hat das Schloßcafé geschlossen, obwohl es beheizt ist. Aber all die übri-gen Monate kann der Besucher das romantische Flair eines Wintergartens genießen – und ein Schloß dazu.

Café in the Thurn + Taxis Castle, Regensburg, D

Until the 19th century the Thurn and Taxis dynasty was in possession of the postal monopoly in the German Empire. The family has had a residence in Regensburg since the 18th century. The royal stable, formerly a riding school, has now been turned into a postal museum. A café was created directly beside it. In an allusion to the historical surroundings, a tunnel-like structure of iron and glass — 15 metres long and 3.75 metres wide — stretches across the castle courtyard, where there is also outside seating. As elsewhere on the castle grounds, climbing vines cover the glass structure. The flair of roses and leaves extends to the interior. A slate floor with glass mosaic patterns sets off the white lacquered wrought iron chairs with pinkish-red and green upholstery by Elisabeth Garousté and Mattia Bonetti. The two also designed the hand-painted steel tables with a rose and leaf pattern on the white ceramic tops. Even the tall lamps on the long side of the room are floral: glass drops on iron branches. The wall behind the small bar which serves cold snacks is also decorated with roses and shards of tile. This romantic café is open from March until October.

Architekt: Peter Pelikan, Wien, nach Ideen von Friedensreich Hundertwasser, Wien

Wer in Wien Kaffee und österreichische Spezialitäten in außergewöhnlicher, künstlerischer Umgebung genießen möchte, sollte ins Café im Hundertwassermuseum, ins KunstHausWien, gehen. Das ist nicht irgendein Kunsthaus, sondern ein Museum des bedeutenden österreichischen Künstlers Friedensreich Hundertwasser. Er dürfte einer der wenigen, wenn nicht der einzige Künstler sein, der zu Lebzeiten sein eigenes Museum hat.

In der Nachbarschaft des Hundertwasser-Hauses in der Löwengasse fand Hundertwasser ein geeignetes Doppelhaus aus dem Jahre 1872: Vier Stockwerke hoch, einst ein Domizil der „Thonet-Bugholz-Werkstätten" mit Arbeiterwohnungen.

Die bestehende Bausubstanz wurde im Kern belassen – Ideal für Hundertwassers Umbau von „Natur und Kunst" in Anlehnung an den Formenkanon des katalanischen Architekten Antonio Gaudi.

Das Museumskonzept des künstlerischen Multitalents ist einfach: „Das KunstHausWien soll eine Kunst und eine Architektur vorleben, in der die Natur und der Mensch wieder im Mittelpunkt stehen ... Es ist das erste Bollwerk gegen eine falsche Ordnung der geraden Linie, der erste Brückenkopf gegen das Rastersystem und das Chaos des Nonsens".

Im Erdgeschoß gibt es ein großzügiges Entree, einen ausladenden Erker, der über zwei Stockwerke reicht, und die typische, bunte, collageartige Fassadengestaltung. Der wellige Fußboden, auch im Café, ist „eine Melodie für die Füße wie der Waldboden". Er ist erstaunlicherweise sogar für Gehbehinderte und Rollstuhlfahrer geeignet.

Das Café selbst befindet sich in einem flacheren Anbau mit grasbewachsenem Dach und einem weiten, vorgelagerten Innenhof zum Draußensitzen. Minarettartige blaue Türme mit Goldkugeln zieren die Dachspitzen. Im Innern versammeln sich auf einem bunten Durcheinander von schwarz-weißen Fliesen, die zum Teil die Wände hochwachsen, verschiedenste Thonet-Stühle vor kleinen Tischen. Fast jede Platte weist eine andere Form aus einem anderen Marmor auf.

Während des Kaffee-Genusses fällt der Blick auf lebendige Kunst Hundertwassers ringsum.

Mehr vom Lebenswerk Hundertwassers, dessen Arbeiten nicht in anderen Museen zu sehen sind, können die Besucher auf einer Fläche von 750 m² in zwei Geschossen erleben: Malerei, Grafik und Architekturmodelle aus Privatbesitz. Auf ebenso großer Fläche darüber werden laufend Wechselausstellungen junger, unbekannter Künstler gezeigt.

Im „Museum Shop" in der Halle wird mit 500 Artikeln ein ungewöhnliches Angebot an kunstbezogenen Objekten und Geschenkartikeln offeriert.

Hundertwasser ist eben auch ein Marketingkünstler.

Café in the KunstHausWien, Vienna, A

A very special café is located in the KunstHaus by Hundertwasser in Vienna, which is probably the only museum which has a living artist. Beside the Hundertwasser house the artist found a suitable building in the shape of the former workshop and employees' apartments of the Thonet bent wood furniture factory. Under the influence of Antonio Gaudi he here developed his concept of "nature and art", in which nature and mankind are at the centre. The typical, colourful, collagelike façade design with a wavy floor, which can also be seen in the café, is particularly striking: a "melody for feet", he calls it. The café is situated in a low grass-roofed addition with a courtyard in front of it. Blue towers with golden spheres adorn the roof. The interior with its eclectic pattern mixture of black and white tiles on the floor and walls is furnished with an incredible assortment of Thonet chairs. The entire surroundings are living Hundertwasser art. The visitor can experience 750 square metres more of the same on two storeys. Above the Hundertwasser exhibition there are changing exhibitions of other artists. A museum gift shop with objets d'art complements the ensemble.

Architekten: Busmann und Haberer, Köln
Glaskünstler: Daniel Buren, Paris

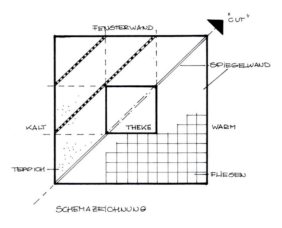

Das Von der Heydt-Museum in Wuppertal ist in einem alten Gebäude mit Bogenfenstern, schmuckvollen Wandsimsen und Kassettendecken untergebracht. Kunstliebhaber können hier vor allem Malerei und Plastik des 19. und 20. Jh.s bewundern – aber auch Grafikarbeiten des deutschen und französischen Impressionismus.

Das neue Café des Museums wird nicht nur Kunstliebhabern gefallen. Es ist elegant, kühl, schlicht und witzig zugleich. Eine Diagonale gliedert den großen Raum in zwei Teile, wobei die Diagonale direkt durch den zentralen Thekenblock läuft. Theken für Kuchen und kalte Speisen stehen hier der Ausgabe und einer Stehtheke gegenüber. Hohes Zentrum ist eine bronzene Zapfanlage für Bier, genannt „Hopfenhühner", die der Pächter und Performancekünstler R. M. E. Streuf (Hühnerschaf) entwickelt hat. Die Diagonale („cut") zerschneidet den Raum in zwei Bereiche: einen warmen und einen kalten. Spontan klingt diese Unterscheidung nach Formalismus. Doch es ist weit mehr. Denn eine raumhohe Glaswand trennt tatsächlich den Raum. Im „warmen" Teil ist es warm, allein schon durch eine Fußbodenheizung unter dem warmtonigen Fliesenboden. Marmor umhüllt den Thekentrakt, warmtoniges Licht setzt den Glanzpunkt obendrauf.

Im „kalten" Bereich liegt ein grau-blauer, kühl aussehender Teppichboden, durch Diagonalstreifen aus hellen und dunklen Marmorfliesen unterbrochen. Edelstahl an der Theke und keine Heizung sorgen für kühle Stimmung.

Die sichtbare Diagonaltrennung ist eine hohe Glas-Spiegelwand mit schmalen Streifen, die der französische Künstler Daniel Buren entwickelt hat (seine Türme auf dem Platz vor der Comedie Française in Paris haben ihn berühmt gemacht, s. S. 160). Die Glasgestaltung wiederholt sich in reizvoller Form in der Wandgestaltung neben der Fensterwand, in der die hohen Bogenfenster in Spiegel und Glas übersetzt werden und fast geheimnisvoll Teile des Raumes reflektieren.

Angesichts dieser noblen Ästhetik ist der Pächter zu verstehen, der mit seinen teilweise skurrilen Ideen die Speisekarte ständig neu entwirft und ihr ein eigenes kulturelles Eigenleben verleiht durch Anmerkungen, Collagen, Comics, Hinterfragen und Infragestellen von Kunst, Kultur und Alltag – ein Versuch des Pächters, sich selbst darzustellen, aber auch in Spaß und Ernst mit seinen Gästen zu kommunizieren. In einem Museum ist das kein schlechter Anfang.

Café Anna Blume, Wuppertal, D

The Von der Heydt Museum is an old building with arched windows and attractive coffer-work ceilings. The new museum café is at once elegant, cool, simple and witty. A diagonal cut runs directly through the central counter block and divides the room into two sections. One part is warm — from the radiant floor heating, warm coloured tiled floor, marble counter and warm lighting to the warm food. The other section is cold: the stainless steel counter with an assortment of cold dishes stands on greyish blue carpeting, interrupted by unheated marble tiles. The diagonal division consists of a ceiling high glass mirrored wall with narrow stripes by the French artist Daniel Buren, which is reiterated as a stylized window on the wall beside the windows. In accordance with the dichotomy of the interior, the leaseholder attempts to provoke the customers with his menu card and communicate with them — by means of collages, comics, remarks and serious as well as tongue-in-cheek questions about art, culture and everyday life.

Dies ist ganz und gar nicht Anna Blume, nein

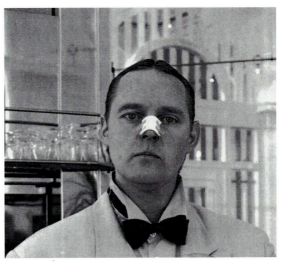

Auf der Suche nach Streuf

R.M.E.Streuf – Genie und Gelegenheitsarbeiter.
Ein Fernseh-Film von Volker Anding.
LichtBlick-Produktion 1990, im Auftrag des WDR
(30 Min.)

Architekten: Hochbauamt der Stadt Dortmund
Glasgestaltung: Bildhauer Heinz-Oskar Krause, Gevelsberg

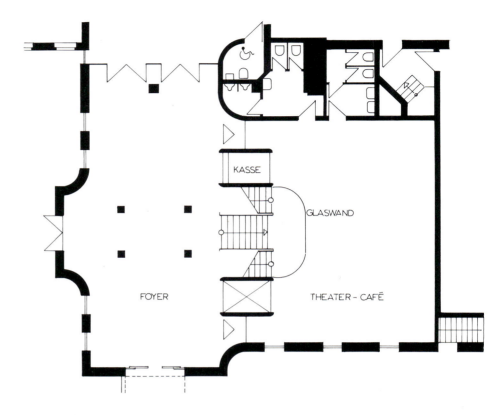

Als die gesamte Bühnentechnik, die Magazinflächen, aber auch die gesamte Eingangssituation umgebaut und verbessert werden sollten, entstand auch das Theatercafé.

Eine große Treppenanlage führt vom vorgelagerten Foyer zu den Zuschaueretagen. Neben Kasse und Aufzug führen zwei Glastüren in das dahintergelegene Café, das sowohl während der Aufführungen als auch in spielfreien Zeiten genutzt werden kann.

Zusammen mit dem Granitfußboden wirkt der weiße Raum mit schwarzen Stühlen eher klassisch und schlicht. Seine Reize liegen in den großen Fenstern, die zum Hiltropwall hinausführen, in seinem bewegten Spiel hinter der Glaswand und in den wechselnden Ausstellungen, die immer wieder eine andere Raumstimmung bewirken: seien es Gemälde, Grafiken, Fotos oder Requisiten und Kulissenelemente.

Einen Charme ganz eigener Art aber erhält der Raum durch eine gebogene Glaswand, die das Treppenhaus umschließt und den Kontakt visueller Art zum Theater herstellt. Durch Granitelemente, verspiegelte und verglaste Flächen werden hier Durchblicke und Formen geschaffen, die diesem nüchternen Raum ein abwechslungsreiches Bewegungs- und Lichtspiel schenken.

Theatercafé, City Theatres, Dortmund, D
In the course of the renovation of the technical stage installations and the entrance area, the Theatre Café was created. Between the cash register and the elevator a large staircase leads to the audience seating levels. Two adjacent glass doors provide access to the café. The white room with a granite floor is simple and classical in design. The large windows on the street side and the changing exhibitions are fascinating. A curved glass wall, which surrounds the staircase and provides visual contact with the theatre, has a charming and original effect. The granite elements which alternate with mirrored and glazed surfaces create an ever-changing interaction of movement and light because of the passing theatre goers in the staircase beyond.

Architekten: Heinrici + Geiger, Frankfurt/M.

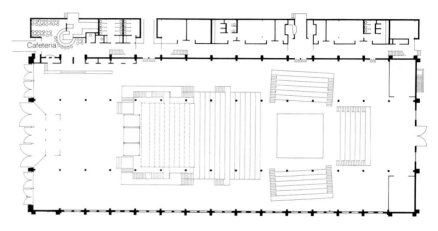

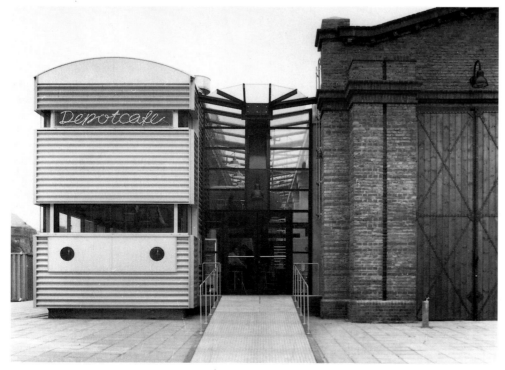

In der Nacht zum 12.11.1987 ging der Bühnenturm der Frankfurter Oper in Flammen auf. Ein junger Mann wollte auf sich aufmerksam machen und ein Zeichen setzen. Die Katastrophe entwickelte sich bald zum Glücksfall. Die Frankfurter Oper mußte in die benachbarten Räume des Schauspiels ziehen. Das Schauspiel hingegen ging ins Exil in das leerstehende, ehemalige Straßenbahndepot an der Bockenheimer Warte. Die dreischiffige Backstein-„Basilika" mit einer wunderschönen Holzkonstruktion im Innern wurde 1898 mitten in ein Wohngebiet gesetzt. Im Laufe der Jahrzehnte wuchsen die umliegenden Universitätsbauten an sie heran. Der Bau der U-Bahn machte das Straßenbahndepot überflüssig. Leer und langsam verfallend, sollte das Grundstück für Unibauten genutzt werden.

Nun aber wurde es ausgebaut und als Provisorium für das Schauspiel verwendet. Überaus erfolgreich mit einem Hauch von Improvisation, dank der Architekten, die mit überaus großer Sensibilität die Konstruktion nicht angetastet haben. Variable Bühnen, Zuschauertribünen und Beleuchtungsbrücken machen dieses Theater zu einem ungewöhnlichen Erlebnis.

Neben das Depot wurde ein langer Containerbau hingestellt – eine Stahlkonstruktion mit Alu-Wellblechfassade, in dem Garderoben, Maske, Requisiten, Verwaltung, Toiletten und ein Café untergebracht sind. Das Gebäude ist wie ein langer Zug, der von vorn an einen alten Straßenbahnwagen erinnert. Ein Glasdach überdeckt den zweigeschossigen Gang zwischen Container und Hauptgebäude. Eine Distanz zwischen alt und neu. Einfachste, fast provisorische Ausstattung schafft Industriecharakter: schwarzer Gumminoppenboden, schwarze Stahlkonstruktionen, schwarz-glänzende Lagerlampen. In frischem Rot ziehen Metallbänke an der Wand entlang nach oben. Schlangenartig umschließt die Klimaanlage als dickes, rotes Rohr das zurückspringende Zwischengeschoß. Das Rohr ist zugleich Rückenlehne und Abgrenzung der Empore.

Wenn sich die Seitentüren des Theaters in der Pause öffnen, strömen die Besucher an die Bar im Erdgeschoß und an die kleinen Stahltischchen, die die Sitzplätze eingrenzen. Aber auch außerhalb der Theaterstunden hat das Café von 9 – 24 Uhr geöffnet und ist nicht nur für Theaterbesucher und Studenten der nahen Uni, sondern auch für Geschäftsleute und Einkaufsbummler der nahegelegenen Einkaufsstraße ein beliebter Treffpunkt geworden.

Wenn die Räume der Oper wieder aufgebaut sind, wird die provisorische Spielstätte samt Containerbau geschlossen und wieder frei. Die Universität bekommt dann das, was sie abreißen wollte: ein schlichtes, nobles Gebäude mit vielseitigen Möglichkeiten.

Industriecharakter
im Depot-Café

Depot Café, Frankfurt/M., D

On the night of November 12th, 1987 the stage structure of the Frankfurt Opera House was deliberately gutted by a young arsonist who wanted to make a statement. The opera company had to move into the theatre premises and the theatre company went into exile in the vacant Bockenheim street car depot, a brick "basilica" consisting of three naves and a beautiful wooden construction from the year 1898. Without altering the structure, the building was turned into an unusual theatre experience with a touch of improvisation. A steel container structure with corrugated aluminated siding was placed beside the building to accomodate the wardrobe, makeup, and props departments as well as the administration, restroom facilities and a café. The front façade suggests a street car; a glazed roof covers the connecting passage between the container and the theatre proper. The furnishings are almost provisional: black rubber flooring, black structural steel, shining black warehouse lamps. Red metal benches extend along the wall. The thick red pipe of the air conditioning system encircles the balcony. The café is open from 9 a.m. till midnight and is a popular wateringhole for theatre goers, students at the nearby university, business people and shoppers.

Gestalter: Alexander Lüftenegger und Herbert Wachta von EWE-Küchen, Wels

Auf Messen werden Neuheiten eines Produktionsprogramms vorgestellt. Weitaus wichtiger aber ist es, Geschäftskontakte auszubauen, zu pflegen oder neue Kunden zu gewinnen. Der „Besprechungsbereich" ist hierbei der Ort des Geschehens. Bei EWE, dem größten Küchenhersteller Österreichs, werden Küchenmöbel gebaut, die für den „zentralen Lebensraum, in dem man nicht nur arbeitet, sondern sich auch wohlfühlen will", bestens geeignet sind. Wohlfühlen sollten sich die Gäste auch auf ihrem Messestand, besonders aber im Bewirtungsbereich, der eher einem luftigen Künstlercafé ähnelt. Graphitfarbene Wände mit Fotos und einem Großfoto umschließen den Bereich. MDFPlatten wurden für den Boden cognacfarben gebeizt und klarlackiert. Halbhohe Lochblechparavents geben den Sitzplätzen etwas Intimität. Reizvoll ist auch die lange, geschwungene Bar mit den ungewöhnlichen Barhockern davor. Trotz dunkler Farben wirkt der Raum leicht. Das liegt sicher auch an den Lichtobjekten aus geschliffenem Stahlblech, die wie Vogelschwingen durch den Raum schweben. Die Küchenmöbel sind in gesonderten Boxen daneben ausgestellt, so daß beide Gesprächsbereiche sich nicht tangieren.

Trade Fair Café, EWE-Küchen, Salzburg, A

At trade fairs the discussion area is the place where business contacts are initiated and nurtured and where new customers are found. EWE, the largest kitchen manufacturer in Austria, constructs kitchen furnishings for this "central living space" which are not only conducive to efficient working patterns but are also pleasantly livable. The trade fair visitors should also feel at home in the fair's café. Graphite coloured walls with large-size photographs enclose the area. The MDF sheets were first stained the shade of cognac and then sealed with clear varnish. Medium high perforated sheet metal screens give the seating arrangements a feeling of intimacy. In spite of the dark colours the room with its long bar seems light and airy. Bird-like light objects made of sanded sheet steel float through the room. The kitchen units are on display in separate, adjacent cubicles.

Gestalter: Gruppe PENTAGON, Köln

Als die Gruppe PENTAGON aufgefordert wurde, für die documenta 8 eine Installation zu entwickeln, war das schon ein Ereignis. Die documenta ist immerhin das Forum, auf dem sich die internationale Kunstszene der Gegenwart alle fünf Jahre präsentiert und damit auch neue Maßstäbe setzt. Die Arbeiten der Gruppe PENTAGON wiederum gelten nicht unbedingt als Kunstobjekte, sondern bewegen sich irgendwo zwischen Design und Kunst. 1985 wurde PENTAGON als Galerie und Designgruppe von drei Bildhauern, einem Kunsthistoriker und einem Neonspezialisten in Köln gegründet (Wolfgang Laubersheimer, Meyer Voggenreiter, Reinhard Müller, Ralph Sommer und Gerd Arens). Formen und Materialien ihrer Arbeiten erinnern an Materialien unserer „unwirtlichen" Großstädte. Für ihre ungewöhnlichen Möbelobjekte verwenden sie Stahl, Holz, Stein und Neon.

Mit ihrer performance-ähnlichen Aktion des **Cafés Casino** auf der documenta 8 schufen sie ein Café, das nichts mit einer üblichen Kaffeehausatmosphäre zu tun hatte. Es war vielmehr ein Spiegelbild unserer etwas trostlosen Großstädte, angereichert mit Elementen eines „Künstlercafés'", das Traditionen vergangener Künstlercafés aufgreift. Die Gestalter erinnern dabei an ein „Certa" in Paris oder ein „Pittoresque" in Moskau; Cafés, in denen Künstler Kunst machten, gar Kunstbewegungen wie den Surrealismus oder Dada ins Leben riefen. Das **Café Casino** selbst hatte damals keine Tradition aufzuweisen. Aber die documenta hat eine. Ein documenta-Archiv im Café sollte die Möglichkeit geben, mit allen Künstlern, die je an einer documenta teilgenommen hatten, per Computer zu kommunizieren. Neben der Erinnerung an die „cafés perdu" sollte es natürlich ein moderner Treffpunkt für alle Teilnehmer und Besucher der documenta sein – für 100 Tage. Verwaschen und benutzt wirken die hohen Wände des Raumes. Elementarer Bestandteil des Cafés war eine Sitzbank aus gekantetem Stahl. Dem Raumbogen folgend bot sie einen guten Platz, um den Raum zu überschauen. Aus der Silhouette dieser Bank wurde der Stahlstuhl entwickelt. Während vor den Bänken einfachste „Brauhaus"Tische im „no-name-design" standen, waren die fünf Stehtische Besonderheiten, die jeweils von den fünf Mitgliedern der Gruppe entworfen wurden: da gab es einen Glastisch mit einem Felsbrocken in der Mitte ebenso wie einen mit eingebauten, plätschernden Wasserfällen, aber auch kleinen Lautsprecheranlagen, aus denen einlullende Töne rieselten und die Tische „in Wallung" versetzten, um so für die „Erotisierung des Genusses" zu sorgen. Direkt neben der Bar stand das berühmte Stahlregal von Reinhard Müller mit eingeklemmtem Traktorschlauch. Hier war eine ungewöhnliche Musik-Box untergebracht. Der Besucher konnte sich des Programms und der Methode des Computerkomponisten

Klarenz Barlow bedienen und so seine eigenen, elektronischen Klänge herbeizaubern. **Café Casino** ist nun perdu, vorbei – wie die alten Künstlercafés auch. Aber die Idee ging und geht weiterhin mit der Designer-Gruppe auf Reisen. Es folgte noch ein Café Casino auf der ART 89 und 90 in Frankfurt/M. Und auf den Messen HMI und IAA in Hannover 1992 war das reisende Café als EXPO 2000 **Experimental Café** zu sehen. Die Gruppe PENTAGON, als Betreiber, organisierte während dieser Zeit ungewöhnliche Ausstellungen, Veranstaltungen, Performances mit dem Publikum. **Café Casino** war 1992 auch auf der INTERSTOFF in Frankfurt/M. und auf der documenta 9 in Kassel.

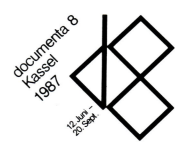

documenta 8
Kassel
1987

12. Juni –
20. Sept.

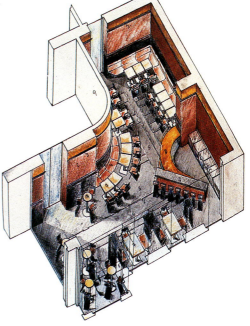

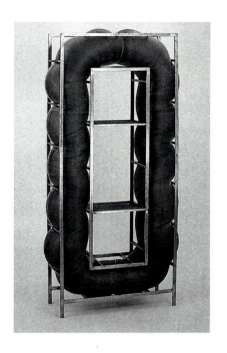

Café Casino, documenta 8, Kassel, D
In 1985 the gallery and design group Pentagon was founded by three sculptors, an art historian and a neon specialist (Wolfgang Laubersheimer, Meyer Voggenreiter, Reinhard Müller, Ralph Sommer and Gerd Ahrens). They utilize materials such as steel, wood, stone and neon for their works, which are a hybrid form between art and design. The performance-like **Café Casino** project combined a reflection of our cities with elements of a traditional "artists' café". "documenta" archives were included to allow communication with former "documenta" artists via computer. The central element in the high room with a seemingly washed-out appearance was a bench made of steel. Besides utterly simple "brauhaus" tables there were five stand-up tables by the members of the Pentagon group: glass with boulders, built-in waterfalls and loudspeakers, etc. Beside the bar Reinhard Müller created a steel shelf incorporating a tractor inner tube for the jukebox with do-it-yourself computer music. **Café Casino** is no more, but the idea lives on and has been realized elsewhere: at the Art 89 and 90 exhibitions in Frankfurt, at the HMI and IAA 1992 in Hanover and at the "documenta 9" in Kassel in 1992.

8 Treffpunkte am Abend
Evening Meeting Places

Diskothek Epsylon,
Reggio Emilia (s. S.210)

Farbgestaltung: Oskar Putz, Wien
Architektur: Wolfgang Kaitna, Wien

In Wien eine Café-Bar zu schaffen, die kein „Wiener Kaffeehaus" ist und keine Dämmerhöhle im „fin-de-siècle"-Verschnitt, ist schon eine Herausforderung. Um so mehr, wenn sich das Lokal im 1. Bezirk nahe der Universität befindet und der Pächter sich etwas Innovatives vorstellt.

Was der Gast hier nun vorfindet, erinnert an surreale Traumwelten, an die leeren und schweigsamen Raumbilder eines Edward Hopper, in dem der Gast versonnen vor seinem Glas sitzt und vor sich hin träumt. Zum Träumen sind die Räume in der **Kix-Bar** reichlich hoch, teilweise bis zu 7 m, denn der Architekt Wolfgang Kaitna hatte die Aufgabe, die vorhandenen Räume zu „entrümpeln" und auf ihre ursprüngliche Substanz zurückzuführen, was zu einer reizvollen Raumfolge mit Durchblicken, Durchgängen und Nischen führte.

Der Maler Oskar Putz, der seine Bilder nicht in Museen stellt, sondern sie mit und an der Architektur alltäglich erlebbar werden läßt, hat seine „archipittura" auf das **Kix** übertragen. In warmtonigen Farben sind hier Wandbilder, begehbare Raumbilder entstanden, die mal Tiefe oder auch Höhe vortäuschen und sogar die eigentliche Statik des Baukörpers in Frage stellen.

Die Farben tragen, schließen ab, verwischen Raumgrenzen und schaffen unentwegt neue Bilder oder Bildausschnitte, Überschneidungen.

Wenige Scheinwerfer werfen ihr Licht auf die geometrischen Farbspiele. Der Boden aus geriffeltem Alu-Blech reflektiert sanft das Licht. Seine Nüchternheit mit den leeren, farbigen Wandflächen erweckt eher den Eindruck einer Bahnhofshalle denn eines „erweiterten Wohnzimmers", als das das „Wiener Kaffeehaus" immer galt. Die Möblierung greift diese strenge Ordnung auf: die blaue Bar bildet inmitten des fast surrealen Raumes die geometrische Festung – mit dem beleuchteten Versorgungsblock nach innen hin und Stangen für Arme und Beine als Stehhilfe nach außen. Tische und Stühle (Teragni) stehen locker gruppiert entlang der Wände. Keine Dekoration oder andere Möbel verstellen den freien Blick. Lediglich zwei lange, knautschige Lederbänke in der Farbfolge der Wandbilder fordern zum anschmiegsamen Sitzen auf.

Der Maler Oskar Putz, der schon für die Farbgestaltung der Wiener Secession gesorgt hatte, hat der jungen Erfolgsgeneration der 90er Jahre ein Barbild hingemalt: eine bunte Box mit 9 Farben von Kobaltblau bis Pfirsich-Orange. Die Hocker sind ocker. Im **Kix** trifft sich, wer das Durchgestylte mag, vorwiegend aber Studenten, junge Designer und Architekten.

Das Bar-Café-Restaurant hatte anfangs auch tagsüber geöffnet, inzwischen aber nur noch von 18 – 2 Uhr. Wer diese Café-Bar mag, kann hier Kaffee und Tee genauso verzehren wie Whisky, Pernod oder Pinot blanc und sogar feine englische Steaks.

Café Kix, Wien.
Farben schaffen neue Bilder,
Bildausschnitte, Überschneidungen

Café Kix, Vienna, A

Café Kix is not a typical Viennese coffeehouse. It suggests surrealistic dream worlds and mute spatial pictures by Edward Hopper. The 7 metre high rooms underwent a reductive renovation which resulted in a succession of niches, vistas and passages, which the painter Oskar Putz then transformed into walk-in colour spaces with his "archipittura". The warm colours underline, delimit and disguise spatial boundaries. The neutral floor of textured aluminum sheeting provides a foundation for this interaction of colour. The blue bar at the centre seems like a fortress. Tables and chairs hug the wall; only two leather benches encourage casual seating. For the young successful generation the painter has created a colourful paintbox with nine hues from cobalt blue to peachy orange. Between 6 p.m. and 2 a.m. customers who like the bar can order anything from coffee to Pernod or Pinot blanc and fine English steak.

Café Kix, Wien.
Strenge Ordnung durch
Farbflächen und Möblierung

Architekten: Siegrun Reuter und Paul Werr, Idstein/Ts.

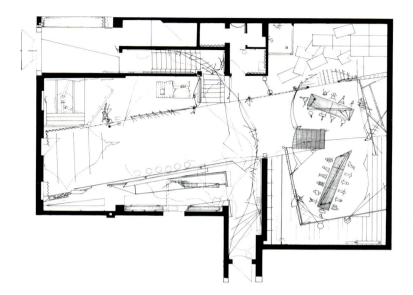

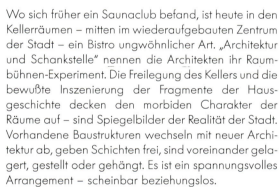

Wo sich früher ein Saunaclub befand, ist heute in den Kellerräumen – mitten im wiederaufgebauten Zentrum der Stadt – ein Bistro ungwöhnlicher Art. „Architektur und Schankstelle" nennen die Architekten ihr Raumbühnen-Experiment. Die Freilegung des Kellers und die bewußte Inszenierung der Fragmente der Hausgeschichte decken den morbiden Charakter der Räume auf – sind Spiegelbilder der Realität der Stadt. Vorhandene Baustrukturen wechseln mit neuer Architektur ab, geben Schichten frei, sind voreinander gelagert, gestellt oder gehängt. Es ist ein spannungsvolles Arrangement – scheinbar beziehungslos.

Ein schräger Betonwinkel – unverrückbarer Ausdruck der Schankstelle – scheint in den Untergrund zu sinken. Stahlstrukturen überlagern diesen Winkel und verdichten sich in der Luft mit scheinbaren und wirklichen technischen Strukturen und Installationen. Eine Teerstraße schiebt sich aus dem hinteren Teil des Raumes bis hin zum Schwimmbadraum, verliert sich in einer Gitter-Bühnen-Wand und kippt über die Gittertreppe ab ins Bassin zu zwei großen Tischen mit unterschiedlichen Stuhlskulpturen. Die Stahltafel, die Stuhlobjekte, die Treppe und das Geländer werden zur Bühne. Der Gast wird Statist für eine skulpturale Inszenierung.

Dieses Bistro wurde wegen seiner Ideenvielfalt 1990 als einer der „vorbildlichen Bauten im Lande Hessen" ausgezeichnet. „.... schön, wenn von einem solchen frischen, künstlerischen Raumbühnenexperiment mit seiner verspielten Leichtigkeit und Unbekümmertheit einiges in die Alltagsarchitektur gerettet werde könnte ...", meinte die Jury hierzu.

Bistro Eledil, Darmstadt.
Der Schwimmbadraum mit Gittertreppe,
Tischen und Stuhlskulpturen

Bistro Eledil, Darmstadt, D

The premises formerly housed a sauna club. Now the locale is an architectural experiment — "architecture and saloon" — Eledil. The deliberate display of morbid fragments of the building's history alternating with new architecture reflects urban reality. The bar, an angular concrete element, seems to sink into the earth. Steel structures spread their web over this angle and crystallize into apparent and real installations. An asphalt street extends to the pool and pours over the grid staircase to two large tables with chair sculptures — the customer plays a walk-on in this sculptural performance. In nonchalant form this theatrical room experiment expresses the intricacy and confusion of our times. In 1990 it was awarded a prize for "exemplary building in the state of Hessia".

Architekten: YN, DISSENY D'INTERIORS, Barcelona

Das **Ticktacktoe** Bar-Restaurant ist in einem der typischen alten Bürgerhäuser von Barcelona untergebracht, geprägt durch drei Eingänge, von denen der mittlere ins obere Wohngeschoß führt. Links und rechts führen lange, schmale Gänge in die Bar hinein. An diesem Schauplatz kann der Besucher wählen, wo er hineingeht. In jedem Fall gelangt er durch eine ungewöhnliche Tür ins Innere. In einem Fall ist der Eingang eine große Glastür mit geschweiften Stahlrohren davor – fast wie ein moderner Wärmeheizkörper anmutend. Die rechte Tür beginnt zurückgesetzt im Hausinnern und ähnelt eher einem Portal mit asymmetrischem Kapitell, unter dem zwei Flügeltüren mit senkrechten Glasfeldern sich dem Besucher öffnen. Unmittelbar hinter dem Portal kommt man an einer Bar vorbei. Anders als die zwei anderen Bars ist diese im unteren Bereich mit Jalousieelementen aus Holz verkleidet. Als Barbeleuchtung sind an der Marmorplatte kleine Tischleuchten befestigt. Geht der Gast an dieser langen, geschweiften Bar vorbei, gelangt er fast unmittelbar in den Hauptraum: großzügig offen gehalten mit Billardtischen an der Seite und der Hauptbar im Hintergrund in der Form einer Frauenbrust (im Grundriß). Die Bar ist kupferverkleidet mit weißer Marmorplatte, und auf der Wand dahinter strahlt das Logo der Bar in Leuchtbuchstaben. Arenaartige Sitzstufen liegen der Bar gegenüber – ein beliebter Treffpunkt zum legeren Sitzen und hervorragend geeignet, um die ganze Szenerie zu überblicken. Die Fläche dazwischen ist frei und mobil für Bühne, Tanzfläche, Gespräche. Die Tische an

der Seite sind in ihrer Anordnung nicht fixiert. Ungewöhnlich große Pergament-Lampen schirmen sie von der großen Fläche und dem Billardbereich ab, geben ein Gefühl der Wärme und Geborgenheit in dem doch großen und hohen Raum.
Die Möglichkeit, zu essen und sich zum Gespräch zurückzuziehen, setzt sich im anderen, langen Gang des Raumes fort. Tische und Stühle wurden eigens hierfür entwickelt. Sie greifen Materialien auf, die in der ganzen Raumgestaltung zu finden sind: Holz und Kupfer und Stahl. Der Stuhl ist eine Mischung geworden – halb mittelalterlich, halb postmodern, in Aluminium, Holz und Alcantara.
Die letzte und dritte Bar liegt hinter diesem Eßbereich direkt vor dem Ausgang mit der Tür aus Glas und Rohren. Auch diese Bar weist eine gebogene Form auf. Formverwandt sind auch die markanten Trennelemente an der Decke, die alle 1,90 m die sichtbaren, technischen Elemente unterbrechen. Sie haben nicht nur dekorative, sondern teilweise auch tragende Funktionen.
Der große Küchenblock in der Verlängerung der Mittelachse des Hauses kann durch seine Lage alle drei Bars und die Sitzbereiche optimal versorgen.
Ticktacktoe ist eine gut organisierte Bar mit aufregenden Details in vielseitigen Raumbereichen für ein Leben nach Feierabend: hier findet Unterhaltung statt und Treffen mit Freunden, hier wird gespielt, auch mal getanzt, hier wird gegessen und getrunken.

Das Logo der Bar.
Der endgültigen Form gingen viele Entwicklungen voraus. Ursprünglich gab es einen liegenden Rhombus wie bei der Metro in Barcelona. Dieser veränderte sich in eine Ellipse. Die Endform ist eine Entwicklung aus beiden Formen – ein stilisierter Fächer, kupferfarben in Erinnerung an das in der Bar häufig verwendete Material. Der Metalliceffekt taucht auch auf Werbeblättern und Servietten wieder auf.

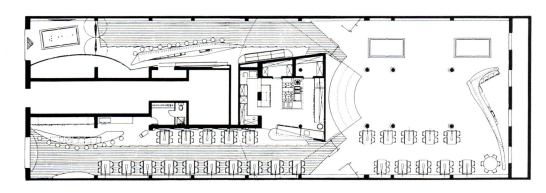

Bar Ticktacktoe, Barcelona.
Bar in gebogener Form, nahe der Tür
aus Glas und Rohren

Bar Ticktacktoe, Barcelona, E

The bar and restaurant **Ticktacktoe** is located in one of the typical old middle-class houses of Barcelona with three entrances. Unusual doors lead the visitor through two of these entrances into the interior. Beyond a series of long, narrow bars is the main room, with billiard tables and a large bar in copper and white marble. Behind it is the distinctive logo in neon lettering. Arena-like seating tiers opposite the bar delimit the open space for a stage, dancing or conversation. Large parchment lamps screen the tables at the side from the larger area. The quieter restaurant area continues into the long adjacent passageway. The custom designed tables and chairs in wood, copper and steel are half medieval and half post-modern. The dividing elements on the ceiling are shaped just like the curve of the bars. The central kitchen block can easily service all three bars. Warm colours and materials and exciting detailing characterize this fascinating evening bar.

Architekten: Alfredo Arribas und Eduard Samsó mit Miguel Morte, Barcelona

Barcelona ist nicht nur die Stadt der Olympiade 1992 – Barcelona ist vor allem eine Metropole voller Eigensinn. Der katalanische Designer Javier Mariscal, der auch das Mascottchen dieser Olympiade entwarf, hat die Stadt poetisch in einem Wortspiel wohl am treffendsten charakterisiert: Bar-Cel(ciel)-ona (sueño) (Bar-Himmel-Traum).

Jungen katalanischen Designern und Architekten ist es vor allem zuzuschreiben, daß sie die Bars und Nachtlokale der Stadt für ein junges Publikum zwischen 20 und 40 Jahren attraktiv gemacht haben.

Mitten im Zentrum Barcelonas, auf der großen Avenida Diagonal, beauftragte die Firma Nit i Dia die Architekten, aus einem ehemaligen Bürogebäude eine Café-Bar mit Restaurant zu machen. Zur Verfügung standen eine kleine Eingangsebene und zwei darunterliegende, fensterlose Geschosse. Der völlig verglaste Eingang wurde zu einer Art Schaukasten für den „Film", der unten abläuft. Anstelle der alten Treppe trat ein runder Freiraum, der die Ebenen miteinander verbindet und es ermöglicht, daß man schon vom Erdgeschoß aus in die ganze Bar hinunterschauen kann. An einer langen Monitorreihe vorbei kommt man nun zur neuen Treppe neben dem Freiraum, die kastenförmig in die Ebene eingeschnitten ist und einen Raum im Raum bildet.

Das 1. Untergeschoß ist durch eine große, zentrale Bar bestimmt, mit Auslegern für Video und Platz für den Diskjockey. Die Bar nimmt etwa 50 % des Raumes ein, die andere Hälfte ist Restaurant, in dem Snacks und schnelle Spezialgerichte angeboten werden. Neben den Tischen laufen Videofilme über Monitore ab, und überall spielt Musik. Jeder Gast kann von seinem Platz aus in den Raum sehen, aber auch gesehen werden. Die Stühle wurden nach Entwürfen von Eliel Saarinen weiterentwickelt und weisen nun als Kontrast zum Holz eine zusammengeführte Rücken- und Armlehne aus Stahl auf.

Die Raumatmosphäre ist eher dunkel, dramatisch beleuchtet und ruft Erinnerungen an den Film „Blade Runner" wach, der Samsó zu diesen Raumbildern inspirierte. Meist sind es aber mehr die Technologie und die Materialien von Science-Fiction-Filmen, die ihn für seine Entwurfsideen anziehen. So verwendet er auch im **Network** neben Holz viel Beton, Stahlroste um die Bar herum, Drahtgitter an der Treppe, Stahlplatten, verwaschene Putze und viel farbiges Licht. Es sind neue Elemente einer katalanischen Gastronomiekultur.

Ungewöhnlich ist auch das 2. Untergeschoß. Neben einer langgezogenen Bartheke und Billardtischen gibt es hier eine ungewöhnliche Toilettenanlage, ein Bereich, dem auch Arribas immer viel Sorgfalt widmet. Vom langgezogenen Waschtisch aus reihen sich fächerartig die Toilettentüren aneinander – nicht nach Geschlechtern getrennt, dafür dramatisch beleuchtet.

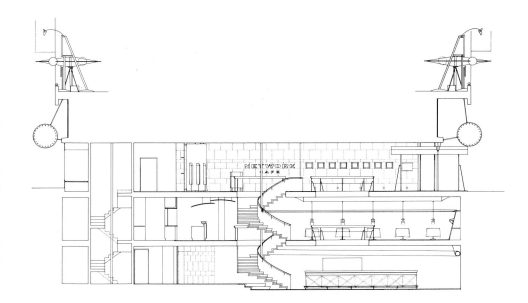

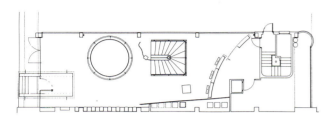

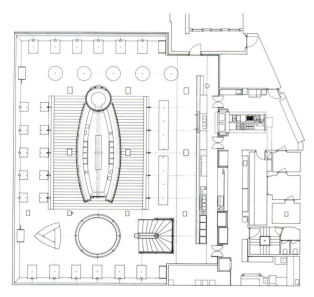

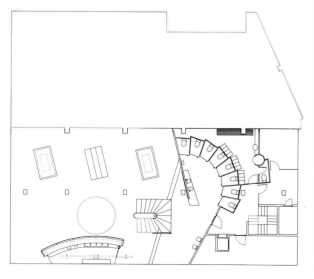

Network Café, Barcelona.
Geschoßanordnung
und Raumstimmung

Network Café, Barcelona, E

Barcelona is an eccentric metropolis. The designer Javier Mariscal characterized it in a play on words: Bar — Cel (ciel) — Ona (sueno) = bar — heaven — dream. Young designers and architects like him have made the bars and nightclubs attractive to a younger clientele. In a former office building a small entrance area and two windowless storeys below it were available for the night café **Network.** An open space replaced the old staircase which connected the three levels. The new box-shaped staircase has been relocated beyond a long row of video screens. A large central bar with videos and a disk jockey dominates the first lower level. The other half of the room is a restaurant for special quick meals. Video films are constantly being played on the video screens beside the tables. The chairs are a further development of ElielSarinen designs. The movie "Blade Runner" inspired the room's dramatic atmosphere: wood, concrete, steel grates, wire grids, sheet steel, mottled plaster and coloured light are elements of a new Catalonian gastronomic culture. The restroom facilities on the second lower level have an unusual fan-shaped arrangement with an extremely long sink counter. There is no separate ladies' and men's room, but the lighting is dramatic.

Architekt: Eduard Samsó, Barcelona
Lichtdesign: Ingo Maurer, München

Cafés und Bars in Barcelona vor zehn Jahren sahen fast alle gleich aus – entweder ein volkstümlicher Tavernenverschnitt oder modische Gebilde mit internationaler, langweiliger Atmosphäre. Viele Bars entstanden in den 50er und 60er Jahren als sogenannte Musik-Bars. Die heutigen Bars für eine junge Generation zwischen 18 und 45 Jahren sind weniger Diskotheken und auch keine Nachtbars mit speziellem Programm. Es sind einfach Treffpunkte für die Zeit nach Feierabend, um herumzustehen, Freunde zu treffen, etwas zu trinken, manchmal auch zu tanzen oder eine Kleinigkeit zu essen.

Diese Bars spiegeln die Stadt wider, wie sie heute ist: hektisch, laut, nervös, aber auch entspannt und innovativ.

Die Bar **Nick Havanna** liegt in einem Randbezirk Barcelonas in einem alten Gebäude von 1910. Von den typischen drei Eingängen führen die beiden äußeren über lange Gänge in den Barraum hinein. Wer sich nicht an der langen, abgewinkelten Bar niederläßt, geht weiter nach hinten zu den wenigen Sitzplätzen mit Tischen hinter der zweiten, runden Bar. Man kann sein Glas aber auch an runden Stehtischen um die Säulen herum abstellen und lässig die Szenerie beobachten. Wem das Publikum dann doch zu langweilig wird, den begeistert vielleicht der Videofilm auf der großen Monitorwand. Auf den langen Sitzstufen daneben ist das Zuschauen fast schon wie im Theater oder Sportstadion. Vielleicht gleitet der Blick von hier aus aber auch nach oben in die Kuppel, durch die das fade Licht in feinen Strahlen nach unten auf den polierten Betonboden fällt. Mittendrin erstaunt ein dünnes Seil, an dessen unterem Ende ein Pendel hängt. Eine Idee, die Ingo Maurer ins Spiel brachte. Das sanfte Licht der Kuppel zaubert ein radiales Punktraster auf den Boden, aus dem an vereinzelten Stellen runde Lichter nach oben strahlen. Ansonsten bestimmen eher auffallende Bühnenscheinwerfer die Szene, in der die wenigen Materialien untergeordnet zu sein scheinen. Die große Glastür mit unbehandelten Stahlplatten leitet das ungewöhnliche Materialspiel am Eingang ein. Eine runde Wand mit handgestrichenen Fliesen führt weiter nach innen zu den Bars, die mit einer auffallenden Kuhhaut bespannt sind. Die Barhocker aus Chrom, Leder und Stahl zeigen irgendwo noch Verwandtschaft zum Melkschemel. Ein verrückter Kontrast, wie es auch das vergoldete Kapitell mancher Betonstützen ist. Vor die Betonsteine der Wände sind gelegentlich große Stahlplatten gestellt oder aber mit einem schalldämpfenden Material ausgestattet, das unbearbeitete Steinplatten imitiert. Bemerkenswert an diesem Schauplatz ist der strenge, geometrische Raum, in dem Objekte eher wie Skulpturen behandelt werden und sich modisches Design mit klassischem Image verknüpft.

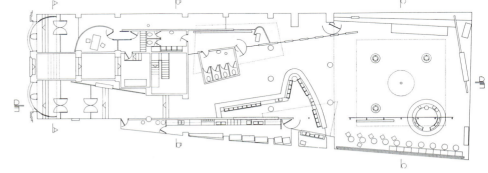

Bar Nick Havanna, Barcelona, E

The eighties saw the advent of very favourable conditions for the social, economic and cultural climate of Spain, especially Barcelona. Cafés and bars in particular were influenced. Today the music bars of the fifties and sixties are being replaced by interesting evening gathering places for meeting friends, drinking and eating. They are hectic, loud, nervous, but also cheerful, relaxed and innovative, just like the city itself. In **Nick Havanna** two long passageways lead into the bar room with a round bar, a few seats with tables behind it and stand-up tables nestled around the columns. Video films are played on the large monitor wall. From the long seating tiers there is a view of the entire scene: the people, the films and the room with its dome, through which pale light filters down. A pendulum on a thin cable accents the middle of the "basilica" and the vertical dimension. Stage spot lights illuminate the materials of the room: from the glass doors at the entrance, past a curved tiled wall to the cowhide covering of the bars. The bar stools suggest milking stools. Another crazy contrast is provided by the concrete supporting pillars with gilded capitals. Steel sheets in front of the concrete walls imitate untreated stone slabs. This is a geometric setting for a dramatic mise-en-scène with sculpture-like objects.

Architekten: Alfredo Arribas mit Miguel Morte, Barcelona
Grafik-Design: Juli Capella und Quim Larrea

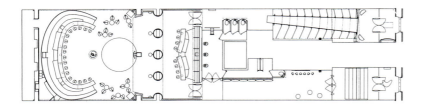

Wie kaum ein anderer gilt Alfredo Arribas als der Architekt eines neuen, jungen Spaniens, der mit seiner Eigenwilligkeit und Emotionalität Grundparameter des „modernen Bauens" in Frage stellt. Die Wurzeln seiner Kreativität sind in der regen Pop-Szene Barcelonas zu finden. Er ist belesen, theoretisch engagiert, arbeitet diszipliniert und perfekt. Zunächst entwickelt er eine Art Drehbuch, eine „concept story" für eine Innenarchitektur, anhand derer die Konzeption des Raumes und der Form festgelegt wird. Eines dieser Beispiele ist die **Velvet-Bar** in Barcelona, die auf den Film „Blue Velvet" von David Lynch, USA, aus dem Jahr 1985 anspielt. Die schwüle, bizarre Atmosphäre des Films wurde auch auf die Bar übersetzt. Zwei separate Eingänge führen dramatisch zu dem Barraum hin. Gleich am Eingang selbst ist das Signet **Velvet** in den Boden eingelassen, von unten rot beleuchtet. Über beleuchteten Treppen schreitet der Gast einen langen Gang entlang, ständig von neuen Details überrascht. Geschwungene, unregelmäßige Formen, wechselnde Bodenbeläge und optische Tricks schaffen eine sich ständig ändernde Umgebung. Hat der Gast die Stahltür des anderen, gläsernen Eingangs passiert, führt ihn eine federnde Hängebrücke nach unten.

Neben vielen optischen Tricks findet man auch unterschiedlichste Oberflächen wie Schiefer oder Beton am Boden, Teakholz auf der runden Tanzfläche, verschiedene Metalle, emaillierte und vergoldete Oberflächen bis hin zum Samt. Neben so viel Esoterik in der Innenarchitektur werden aber auch profanere Wünsche erfüllt:

Zwei Bars stehen dem Gast zur Verfügung, von denen die eine etwas ruhiger und intimer gelegen ist, die andere hufeisenförmig die gesamte Raumbreite einnimmt und sich zur Tanzfläche hin öffnet – provokant und grell. Der zentrale Raum wird von einer eigenartig geformten Gipsdecke geziert. Woanders sind es nur Lochplatten. Die Wände sind aus bemaltem Gipsputz mit Säulen und Ornamenten. Halogenscheinwerfer leuchten das Lokal aus. Manchmal dämpfen Alabasterscheiben die Lichtkegel. Viele Formen sind den 50er Jahren entlehnt. Das Mobiliar wurde nach alten Entwürfen von Carlo Mollino speziell angefertigt. Am originellsten sind sicherlich die Raumerfahrungen, die der Gast auf den Toiletten machen kann: ein Infrarotstrahler registriert das Nahen eines jeden Gastes, der die Toilette betritt. Durch den Sensor wird auch ein elektrisch gesteuertes Ventil geöffnet, Wasser fließt in einen gläsernen Kasten. Kurz danach setzt das Stroboskoplicht ein, bis der Gast die Toilette verläßt. Welchen Effekt das alles auf das Funktionieren des „Clos" ausübt, weiß keiner. Aber es zeugt in auffallender Weise von der Beziehung zwischen Raum und Besucher, wie sie im ganzen Club den Besucher irritiert.

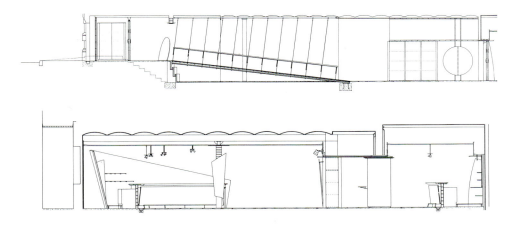

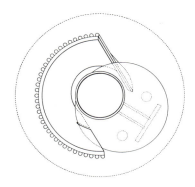

Velvet Bar, Barcelona, E

Alfredo Arribas is considered to be the architect of a new, young Spain. The **Velvet Bar** is a reference to the 1985 movie "Blue Velvet" by David Lynch. At the entrance velvet inserts in the floor are illuminated in red. Illuminated stairs with unusual details, changing materials and optical tricks provide elements of surprise in the one passage way. On the other side a springy hanging bridge leads to the back. There are varying surfaces, such as slate or concrete on the floor, teak on the dance floor, various kinds of metal, enamelled and gilded surfaces and inevitably velvet. Beside the more intimately located bar a larger horseshoe-shaped bar opens out provocatively towards the dance floor. The most original aspect is without doubt the restroom facility. Infrared light detects the guest and a sensor operates the water flushing; stroboscopic lights illuminate the area until the guest leaves.

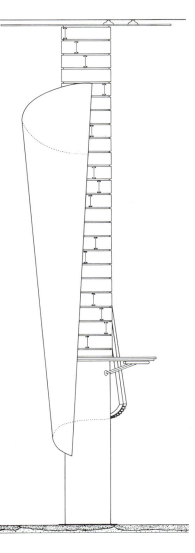

Architekt: Shigeru Uchida, Tokio

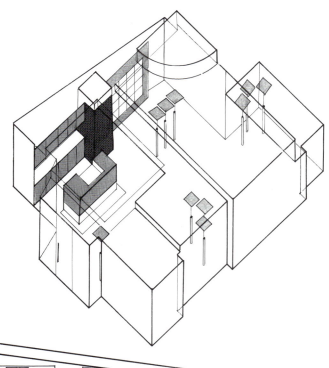

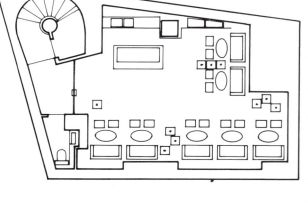

In Roppongi, einem Unterhaltungsbezirk in Tokio, ist diese Bar gelegen. In ihrer Funktion ist sie traditionell angelegt. Keiner sitzt auf einem Stuhl oder lehnt an der Wand – es gibt ausschließlich zierliche Bänke vor kleinen Tischen, die in ihrer ruhigen Form vor der Wand stehen. Trotz des kleinen Raumes gibt es viel freie Fläche – eine Lounge Bar. Die Gestaltungsidee ist einfach: der Raum wurde in seiner Architektur so belassen, wie er war – nur Möbel und Leuchten wurden eingebracht. Da Uchida aber auch nur ein kleines Budget hatte und den begrenzten Raum, konzentrierte er sich darauf, einen Teil der Wände zu gestalten. Graue Putzwände treffen auf graue Betondecken. Hinter der Theke ist die Wand mit Kirschbaumpaneelen verkleidet. Gebürstete Aluminiumflächen der Schränke und einer großen „Leinwand" hängen wie abstrakte Bilder davor. Ihr ungewöhnlicher Kontrast wird nur übertroffen durch das projizierte Waffelmuster, das durch Licht und Schatten der Stehleuchten an Wand und Decke gebildet wird und so die Raumgrenzen auflöst.

Diese kleine Bar zeigt in sehr eindrucksvoller Weise, wie Uchida mit Räumen umgeht. Hier ging es ihm vor allem um die Beziehung zwischen dem Raum und den Objekten: der Alu-Wand, den Säulenlampen, der Theke. Sie gliedern den Raum, schaffen neue Raumbeziehungen und setzen Gefühle frei sehr subtiler und sensibler Art.

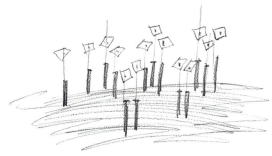

Le Club-Bar, Tokyo, J

Le Club is situated in an amusement district in Roppongi. It is a quiet lounge bar with delicate benches in front of small tables and a great deal of open space. Because the budget was limited, the interior was left unaltered. Only furnishings and lamps were added. Grey plastered walls merge with concrete ceilings. The wall behind the bar is covered in cherry wood. Cupboards and a "silver screen" of brushed aluminum seem like abstract pictures. However, the most striking effect is the waffle pattern that is projected on the walls and ceiling by the standing lamps, so that the spatial boundaries seem to dissolve. This is an example of Uchida's way of creating spatial relationships that release emotions of a very subtle kind.

Architekt: Denis Santachiara mit Douglas Skene, Mailand

Cafés, Bars und Diskos haben manches gemeinsam: es sind Treffpunkte für junge Leute, Schauplätze für Gespräche, Musik, Performance, Selbstdarstellung.

Die Diskothek **Epsylon** ist ein sehr ungewöhnliches und originelles Beispiel aus der Romagna. Und hier, und ganz speziell in Reggio Emilia, das eine Tradition in gutem Entertainment hat, ist es schwer, für das anspruchsvolle Publikum etwas Gutes zu machen. In Denis Santachiara fand sich ein Designer, der 1984 auf der Triennale mit seiner „casa Onirica" auffiel. Sein avantgardistisches Produktdesign und seine räumlichen Arbeiten sind geprägt von einer raffinierten, klaren Technologie mit einem Hang zum Spaßigen ganz im Sinne der italienischen „Commedia dell'Arte". „Es ist eine synthetisch-magische Annäherung", ein Versuch, einen Dialog zwischen Objekt und Nutzer aufzubauen.

Und wer diese Diskothek betritt, wird spüren, wie stark sie den Nutzer, den Gast einbezieht – ganz anders als in üblichen Diskotheken. Nähert man sich dem **Epsylon** – mitten in der historischen Altstadt – wird man am Eingang fast „vom Blitz getroffen". An der Fassade zuckt ein kleiner Blitz, und im Namenszug zuckt ein von einem elektrischen Durchschlag erzeugter Entladungsfunke.

Schon an der Kasse kommt die nächste Überraschung: eine Fresnellinse vergrößert das Gesicht des Kassierers ins Überdimensionale. Und gerade will der Besucher die Tanzfläche betreten, öffnet sich unter ihm – unter einem Glassteg – fast ein Abgrund: ein Blick hinunter zur Klimaanlage. Das **Epsylon** sollte ein modischer Treffpunkt für junge Trendsetter werden. Und es ist ein Platz geworden, der sich vom üblichen Schema einer Diskothek total abhebt. Wo sonst die Räume eher dunkel und alle Lichteffekte auf die Tanzfläche konzentriert sind, ist hier der 800 m² große Raum eher hell gehalten mit unzähligen Effekten an Licht und Bewegung. Rampenartig führt der stählerne Eingangsbereich in den Raum hinein zur mächtigen Bar. Der lange stählerne Bartisch ist 25 m lang und führt mit seiner sinoiden Form

mitten in den Raum hinein. Im dahinter gelegenen Metallcontainer aus Riffelblech befindet sich der Vorratsraum für die Bar. Um auf die Barhocker zu kommen, die um die lange Barthéke und an den Wänden entlang stehen, braucht man schon ein bißchen Übung. Gänseartig geformte Aluminiumsitze sind auf langen Stangen mit Federn am Boden befestigt; leicht bewegliche Sitzstangen für ein verspieltes und nicht gerade seßhaftes Publikum. Hinter dem Diskjockey projizieren vier Punktstrahler auf eine 25 m lange Wand elektronisch erzeugte Bilder. Durch die Bewegung der Bilder entsteht der Eindruck, als verschöben sich die Wände der Diskothek. Ein Lichtspiel gibt es auch an den metallverkleideten Säulen im Raum, deren oberstes Ende mit einem weichen, hinterleuchteten Stoff umhüllt ist, dessen Formen sich durch Gebläse sanft bewegen. Ihr Licht zaubert viel Intimität in den Raum. Im Umfeld der Bar strahlen Lichtkegel aus dem Boden und durch Schlitze in den verkleideten Barsimsen. Die Bar wird durch zwei Plattformen aus Alu-Blech von der Tanzfläche getrennt. Bequeme Sessel mit Tischchen stehen auf den Podesten, die sich ganz allmählich gegen den Diskjockey-desk bewegen. Alles ist auf Bewegung und Beweglichkeit abgestimmt – wie das junge Publikum selbst. Überraschung gibt es selbst noch im Waschraum: Anstelle üblicher Waschbecken gibt es zwei schwarze Löcher in einer Stahlplatte und einen großen Spiegel, unter dem das Wasser herausfließt. Wie auch bei den sonstigen Arbeiten des Designers, entspricht das Design höchsten technischen Anforderungen. Der Raum ist schallgedämmt nach außen, aber auch innen akustisch und klimatechnisch bestens durchgearbeitet. Sein Spiel- und Schauplatz ist in höchstem Maße originell.

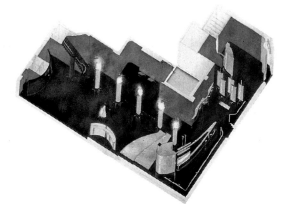

Epsylon discothèque, Reggio Emilia, E
The **Epsylon discothèque** is an unusual setting in Reggio Emilia, which has a clientele with exclusive tastes and a tradition of good entertainment. Denis Santachiara is wellknown for his refined technology and his love of comic effect. At the entrance the visitor is almost "struck by lightning". A Fresnel lens creates a magnified blow-up image of the cashier. Just in front of the dance floor is a yawning abyss: under a glass floor segment the air conditioning system below is visible. Instead of a dark discothèque this 800 square metre locale is bright with innumerable lighting and motion effects. A steel ramp leads to the massive, 25 metre long sinusoidal bar. The metal container behind it houses the storage room. The bar stools are movable seating poles for an unconventional clientele. Behind the disk jockey four spot lights project electronically generated pictures on a 25 metre long wall. Lighting effects also accent the fabric wrapping of the pillars, the bar and the floor. Two moving platforms with armchairs separate the bar from the dance floor. The restroom is no less surprising: below a large mirror water flows into two gaping black holes in a sheet of steel.

1 △

1 Becher 2525/28 – Bauscher, Weiden
2 Black Pearl – Heinrich, Selb
3 Alba – Villeroy & Boch, Mettlach
4 Cupola mit Dekor – Rosenthal AG, Selb
5 Cupola, Rosenthal AG, Selb

2 △

3 △

4 △ 5 ▽

6 Nikolini, Edelstahl – SKS Design, Sundern
7 Playa von gb/Italien über Zack, Hamburg
8 Edition King – WMF, Geislingen
9 Gala, Sterling Silber 925, Wilkens Bremer Silberwaren AG, Bremen
10 Table-Fashion – Thomas, Selb
11 Cupola Strada (M. Bellini) – Rosenthal AG, Selb

6 △   7 △

8 △ 10 ▽   11 ▽   9 △

1 Café International, Paris (s. S. 154)
2 Lakeside Delikatessen, Oakland (s. S. 72)
3 Bar Montmartre, Mailand (s. S. 131)
4 Café Orijent, Zagreb (s. S. 38)
5 Café Bachmann, Basel (s. S. 40)
6 Beer + Aquavit, Kopenhagen (s. S. 190)
7 Bistro Jo-Jo (s. S. 97)

1 △ 2 ▽

3 ▽

4 ▽

5 ▽

6 ▽

7 ▽

Für den Café-Besucher spielt der Platz, auf dem er sich
niederläßt, wohl die bedeutendste Rolle. Daher wid-
men auch die Planer diesem Teil viel Sorgfalt. Wenn
nicht sogar die Stühle oder Hocker eigens für die
Räumlichkeit entworfen werden, so werden zumindest
besondere Tische entwickelt.

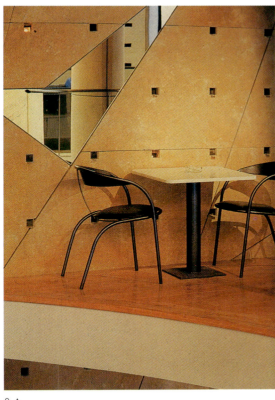

8 △

9 ▽

10 ▽

11 ▽

For the café customer, the most important factor is probably the seating accomodation provided. The planers therefore take special pains with this aspect. If the chairs or stools themselves are not custom-designed for the interior, then at least the tables have been specially developed.

12 ▽

13 ▽

Anschriften der Cafés, Bars, Bistros
Adresses of the Cafés, Bars, Bistros

Deutschland/Germany

Al Dente
Kaiserstr. 133, 7500 Karlsruhe

Bistro Adebar, Veranstaltungs- und Kongreßzentrum
Wolf Ferrari-Haus, Marktplatz, 8012 Ottobrunn/
Ldkr. München

Café Anna Blume, Museum von der Heydt
Turmhofstr. 8, 5600 Wuppertal

Café Art
Ledererstr. 17, 8000 München 2

Backstein's Bistro-Restaurant
Kortumstr. 17–21, 4630 Bochum

Börsentreff, Wiesbadener Volksbank
Schillerplatz, 6200 Wiesbaden

Depot-Café
Depot Bockenheimer Warte, 6000 Frankfurt/M-90

Deutsche Leasing
Restaurant (Prof. Albrecht Dietz), Frölingstr. 15–31,
6380 Bad Homburg v.d.H.

Café Diva
Mittelstr. 3, 5000 Köln

Café Eisenstein
Friedensallee 7, 2000 Hamburg 50

Bistro Eledil
Adelungenstr. 9, 6100 Darmstadt

Café Fellini's
Bahnhof, 5800 Hagen

Bistrorant Forum
Goldgasse 9, 6200 Wiesbaden

Café Buchhandlung Hugendubel
Steinweg 12, 6000 Frankfurt/M-1

Bistro-Café Interregio
DSG – Deutsche Service Ges. der Bahn mbH,
Guiollettstr. 18–22, 6000 Frankfurt/M-1, Frau Haase

Bistro Jo-Jo
Hauptstr. 403, 5000 Köln 90 (stark verändert)

Die Leiter, Bistrorant
Kaiserhofstr. 11, 6000 Frankfurt/M-1

Le Café, Sebastian Birkl
Untere Nabburgerstr. 5, 8450 Amberg

Fotostudio Manfred Rieker
Blumenstr. 21, 7037 Magstadt

Café-Bar Rih, Badischer Kunstverein
Waldstr. 3, 7500 Karlsruhe 1

Café Schöneck
Steingasse 9, 6900 Heidelberg (aufgelöst)

Café Stella
Hauptstätterstr. 57, 7000 Stuttgart 1

Theatercafé Städtische Bühnen
Hiltropwall, 4600 Dortmund

Café im Fürstlichen Schloß Thurn und Taxis
Emmeransplatz, 8400 Regensburg

Bistro Vis-à-Vis
Bernhäuser Hauptstr. 43, 7024 Filderstadt-
Bernhausen

Dänemark/Denmark

Bars am Flughafen Kastrup, Airport
Kopenhagen, Seafood Bar, Take-Off-Bar,
Beer + Aquavit, Bistro

Café-Brasserie Truffé
Dalgas Have 46, 2000 Frederiksberg C

Frankreich/France

L'Atlantique, Le Café
Gare T.G.V. du Mans, Le Mans

Bwana Jones, Bar-Restaurant
13 rue d'Amiens, Lilles

Caféteria de la Comédie Française
Place Colette, 75001 Paris 1

Croixement, Café-Restaurant
Rond Point des Canaux, Parc de la Villette,
75019 Paris

Café International
184, rue de Rivoli, 75001 Paris 1

Griechenland/Greece

Café Diplo
Exarcheia Square, 11257 Athens

Café Restaurant 1900
Solonostr., 11257 Athens

Großbritannien/Great Britain

The Eagle Pub
Farringdon Road, London EC 1

Freud's Café
198 Shaftesbury Ave, London WC 2

Anschriften der Cafés, Bars, Bistros
Adresses of the Cafés, Bars, Bistros

Gallery Café, City Art Gallery
Mosley Street, Manchester M23JL

The Pavilions Café
The Pavilions Shopping Center, Uxbridge

Italien/Italy

Il Barbero, Ristorante-Cafeteria
Piazza del Campo, Siena

Epsylon, Discoteca
Piazza Cavour, Reggio Emilia

Bar Italia
Via Garibaldi, Prato

Bar Maddalena Loveburger
Piazza S. Agostino 2, Prato

Café Bar Montmartre
Via Madonna 27, Mailand-Brera

L'Orso Poeta, American Bar
Piazza Matteotti, 25025 Desenzano
Del Garda (BS)

Rick's Cafeteria
Via de Pretis 1–3, 80122 Napoli

Rose's Café
Via del Parione 26/r, Florenz

Japan

Le Club – Bar
B 1F Collings Bldg., 5-2-13 Roppongi,
Minato-ku, Tokyo

La Costa D, Café-Restaurant-Bar
Kyodo Daiya Bld. B1F 5-32-11 Kyodo,
Setagaya-ku, Tokyo

Juchheim's Konditorei-Café-Restaurant
1-18-24 Sendagaya Sibuya-ku, Tokyo

Kroatien/Croatia

Orijent-Café
Maksimirska 34, Zagreb

Norwegen/Norway

Brødrene Bergh, Café-Bar
Karl-Johansgt. 35, 0164 Oslo

Bar + Brasserie Spektrum
Sonja Hennis plans 1, 0164 Oslo

Österreich/Austria

Con-zert – Café
Lothringerstr., Wien

EWE-Küchen, Messe-Café, ÖMS
Salzburg – EWE-Küchenges. mbH,
A. Lüftenegger, Dieselstr. 14, 4601 Wels

Kiang, Café-Restaurant
Rotgasse 8, 1010 Wien

Café Kix
Bäckerstr. 4, 1010 Wien 1

KunstHausWien, Café
Hundertwasser-Museum,
Untere Weissgerberstr. 13, 1030 Wien

Kunsthistorisches Museum Wien, Cafeteria
Burgring 5/A, 1010 Wien

Schweiz/Switzerland

Confiserie und Café Bachmann
Centralbahnplatz 7, 4051 Basel

Blaue Ente, Bistro-Restaurant
Mühle Tiefenbrunnen, Seefeldstr. 223,
8008 Zürich

Eiscafé und Gelateria De Carlo
Natascha de Carlo
An der Limatstr. 65, 8049 Zürich

Café Pellmont
Freie Str. 82, 4051 Basel

Spanien/Spain

Boliche Bar
Avenida Diagonal 510, 08006 Barcelona

Menfis, Sandwich-Express
c/Urgell 150, 08003 Barcelona

Network Café
616 Avenida Diagonal, 08006 Barcelona

Bar Nick Havanna
Calle Rossello 208, 08008 Barcelona

Bar Ticktacktoe
Roger de Juillera 40, 08006 Barcelona

Velvet Bar
Balmes 161, Barcelona

Anschriften der Cafés, Bars, Bistros
Adresses of the Cafés, Bars, Bistros

Tschechische Republik

Bíly Jelínek, Cukrarna a Kavarna
Ulice u Radnice sp. 18, Praha 1

Perlové a Rytirske
Narozi UVIC (Café Perlova), Praha 1

USA

Brainwash, Café-Laundromat
1122 Folsom Street, San Francisco, Ca. 94103

Cappucino Bar, Carson, Pirie + Scott
1 South State Street/Madison Street,
Chicago, Ill. 60657

Cody's Café 2460 Telegraph Avenue,
Berkeley, Ca. 94704

Café Figaro
5554 College Avenue, Oakland, Ca. 94607

Lakeside Delikatessen
3257 Lakeshore Avenue, Oakland, Ca. 94607

Café Milano
2522 Bancroft Way, Berkeley, Ca. 94704

Literaturhinweis
Literature

Literatur zum Weiterlesen:

Zur Kulturgeschichte der Cafés:

Cafés, Bistrots + Compagnie, Katalog zur Ausstellung No. 4 des Centre Création Industrielle im Centre Georges Pompidou, Paris, 1977

Café de Paris, F. X. Bouchart, Die bibliophilen Taschenbücher, Harenberg Verlag, Dortmund, 1981

Caféhäuser mit Fotos von Manfred Hamm und Texten von Carandell, Croce, Sperber und Torberg, Nicolai Verlag, Berlin, 1979

Café Odeon von Curt Riess, Europa Verlag, Zürich, 1973

Das Wiener Kaffeehaus — recherchiert von C. Brandstätter und W. Schweiger, Goldmann Verlag, München, 1978

Das Taschenbuch vom Kaffee von Joel, David und Karl Schapira, Heyne Verlag, München, 1983

Europäische Caféhäuser, Geschichte und Geschichten von Rosemarie Sommer-Bammel, Nicolai Verlag, Berlin, 1988

Il Café Florian von Danilo Renato, Filippi Editore, Venedig, 1984

Im Café von Eva-Maria Janke, Ellert und Richter-Verlag, 1987

Im Café — Vom Wiener Charme zum Münchner Neon, von René Zey, Georg Heichinger, Dieter Sawatzki, Die bibliophilen Taschenbücher No. 521, Harenberg Verlag, Dortmund, 1987

Kaffee — Eine Reise ins Reich der braunen Bohnen, AT-Verlag, Aarau, Stuttgart, 1987

Kaffee und Kaffeehaus — eine Kulturgeschichte von Ulla Heise, Olms Presse, Hildesheim, Zürich, New York, 1987

Rund um den Kaffee von Curt Maronde, Fischer Verlag, 1976

Caféführer:

Deutschlands schönste Cafés und ihre Rezepte, Buch zur Fernsehsendung im RTL plus, Wilfried Abels, EK Concept Vlg. Flein/Frankfurt/M., o. J.

Marcellino's Restaurant-Report, verschiedene Städte Deutschlands, Marcellus Hudalla Verlag, Düsseldorf

Old Irish Pubs — die schönsten Pubs von London, Heyne Vlg. München

und einige Fachbücher:

Café, Restaurants, Bars — Reihe Excellent Shop Designs No. 28, Shotenkenchiku-Sha, Tokyo, 1986

Cafés von Line Dru und Carlo Aslan, Editions du Moniteur, Paris, 1988, dt. Ausgabe im Karl Krämer Verlag, Stuttgart-Zürich, 1991

Neue Restaurants von Justus Dahinden und Günther Kühne, Callwey/Hatje Verlag, München, Stuttgart, 1973

Pub, Bar + Disco, Reihe Exzellent Shop Designs, Shotenkenchiku-Sha, Tokyo, 1988

Restaurant, Architektur und Ambiente von Egon Schirmbeck im Callwey/Hatje Verlag, München, Stuttgart, 1982

Restaurant Design 2 von Judy Radice, an international Collection, New York, 1990

Beispiele enthalten sind ebenfalls in:

Internationales Interior Design 1990/91 und 1991/92 im Bangert Vlg., München

Gastronomische Fallstudien, Informationen und Neuigkeiten in Zeitschriften wie:

Food-Service, Zeitschrift für System- und Handelsgastronomie Fast Food + Snack, Deutscher Fachverlag, Frankfurt/M.

Konditorei + Café, Hugo Matthaes Verlag, Stuttgart Organ des Konditorenbundes, Fachmagazin für Konditorei, Café, Patisserie etc.

NGZ — Neue Gastronomie, Zeitschrift für Führungskräfte in Restaurant und Hotel, Deutscher Fachverlag, Frankfurt/M.

Objekt Design – NGZ, Verlagsgruppe Deutscher Fachverlag, Frankfurt/M.

Erfolgskonzepte 3 — 1989 – 91, 150 Foodservice-Fallstudien, ein Profil professioneller Gastronomie, Gretel Weiß (Hrsg.), Deutscher Fachverlag, Frankfurt/M, 1992

Fotonachweis
Picture credits

Seite/Page	Fotograf/Photographer
9	Tomas Riehle, Köln; Richard Stephan, Gießen
11	aus The Great Monies, W. Bayer 1973
13	Otto Schucan, Münster
15	Bildarchiv der österreichischen Nationalgalerie
16	Bibliotheque Forney, Paris
18	Ed Du Désastre, Boulogne
20	Ingrid Wenz-Gahler, Frankfurt/M.; Archipress, Paris – Stéphane Couturier
22	Lothar Jankowski, Essen
30	RolfundRolf Design, Köln
32–33	Henninger GmbH, Wien
34–35	Rob Super, Volcano
36–37	Gionata Xerra, Mailand
38–39	Damir Fabijanić, Zagreb
40–41	Werner Grüter, Basel; Volkmar Wenz, Frankfurt/M.
42–43	Naćaşa + Partners, Tokio
44–45	Jan Neubert, Dobřichovice; Pavel Štecha, Černošice
46–47	Rolf Giedemann, Basel
48	Pavel Štecha, Černošice; Lubomir Fuxa, Prag
49	Ingrid Wenz-Gahler, Frankfurt/M.
50–51	Hans Günter Aubel, Wermelskirchen RolfundRolf Design, Köln
52–53	Pavel Zverina, München – Ivan Nemec, Frankfurt/M.
54–56	Christopher Irion, San Francisco
57–59	Ferran Freixa, Barcelona Grafik Design Vicens Viaplana

Seite/Page	Fotograf/Photographer
60	Sommer + Spahn GmbH, Amberg; H. Simon, Hiltersdorf
61	Ingrid Wenz-Gahler, Frankfurt/M.
62–63	Richard Bryant, Kingston on Thames
64–65	Gunter Seidel, Wiesbaden
66–67	Tranis Amos, San Francisco; Richard Sexton, New Orleans
68–69	Ingrid Wenz-Gahler, Frankfurt/M.
70–71	Niedermaier Design, Chicago – Stephen Miller
72–73	Russel Abraham, San Francisco
74–76	Fitch RS, London
77	Peter L. Stephensen, Kopenhagen
78–79	Alsop und Lyall, London
80–81	Nikolaus Kolansis, Stuttgart
82–83	Jens Willebrand, Köln
84–86	Wolf Dieter Gericke, Stuttgart
87–91	Jens Frederikson, Kopenhagen; Peter L. Stephensen, Kopenhagen
92–93	Henning Larsens Tegnestue, Kopenhagen – Asbjøm Fotostudio
94–95	Rainer Herzog, Waiblingen
96–97	Vladimir Paljaga, Köln
98–99	R. Harling
100–101	Petter, Abrahamson, Oslo
102–104	Johannesson + Haneseth, Oslo
105	AXYZ, Zürich
106–107	Margherita Del Piano, Mailand
108–109	Dirk Altenkirch, Karlsruhe
110–111	Vingopoulos, Georgiadis, Damala, Athen
112–113	Steve Busch, Oakland
114–115	Croixement, Paris – Laurent Wiame

Fotonachweis
Picture credits

Seite/Page	Fotograf/Photographer	Seite/Page	Fotograf/Photographer
116–118	Paolo Pagnini, Florenz	214	Occhio Magico, Mailand;
119–121	Antonio Brigandi, Florenz		Damir Fabijanic, Zagreb;
122–123	Dimitris Kalapodas, Athen		Volkmar Wenz, Frankfurt/M.;
124–125	Klaus Frahm, Hamburg		Stephensen, Kopenhagen;
126–127	Francis Rambert		Eric Gaucher, Paris;
128–130	Cavicchi, Prato – Mario Ciampi		Russel Abraham, San Francisco;
131–133	Occhio Magico, Mailand		Vladimir Paljaga, Köln
134–136	Naćaşa + Partners, Tokio	215	Nicolas Borel, Paris;
137–139	Archipress, Paris – Stéphane Couturier		Ingrid Wenz-Gahler, Frankfurt/M.;
140–141	Helmut Richter, Wien		Miro Zagnoli, Mailand;
142–143	Gernot Honsel, Lörrach		Peter Cook, London;
144–146	AXYZ, Zürich		Archipress, Paris
147	Casals, Barcelona		
148–149	Mario Ciampi, Florenz		
150–151	Casals, Barcelona		
152–153	Gaetano Mansi, Rom		
154–156	Eric Gaucher, Paris		
157–159	Deutsche Leasing, Bad Homburg v.d.H – Gert von Bassewitz		
160–161	Archipress, Paris – Stéphane Couturier		
162	Manfred Rieker, Magstadt		
163	Lothar Jankowski, Essen		
164–165	Pressestelle der DB, Mainz; DSG-Pressestelle, Frankfurt/M.; PFW-Werk, Weiden; BPR, Stuttgart		
166–167	Archipress, Paris – Stéphane Couturier		
168–170	Lothar Jankowski, Essen		
171–173	Jo Reid + John Peck		
174–175	Mayr-Keber, Wien – Elisabeth Mayr-Keber		
176–177	Volker Albus, Frankfurt/M.		
178–183	Lothar Jankowski, Essen		
184–186	Renate Gruber, Darmstadt; Ingrid Wenz-Gahler, Frankfurt/M.		
187	Frank, Pleinfeld		
188–189	Pentagon, Köln		
190	Miro Zagnoli, Mailand		
191–194	Margherita Krischanetz, Wien		
195–197	Jochen Müller, Frankfurt/M.		
198–200	Archipress, Paris – Rodriguez Ferrer		
201–203	Jordi Saira, Barcelona		
204–207	Archipress, Paris – Jordi Saira		
208–209	Hiroyuki Hirai, Tokio		
210–211	Miro Zagnoli, Mailand		
212	Bauscher, Weiden; Villeroy & Boch, Mettlach; Rosenthal, Selb		
213	Philips, Hamburg; SKS Design, Sundern; WMF, Geislingen; Wilkens & Söhne GmbH; Rosenthal, Selb; Thomas, Selb		

Kaiser-Mélange

1 Eigelb
2 KL Zucker
1,2 cl starker, heißer Kaffee
8 cl heiße, geschlagene Milch
1 Schuß Cognac oder Brandy
Eigelb mit Zucker in einer Tasse
mischen, Kaffee und Milch unter
Schlagen einrühren. Mit Cognac
aromatisieren und genießen wie einst
seine Hoheit Kaiser Franz Joseph.

Capricciosa

2 Eiswürfel
1 cl Sanddornsirup
2 cl Rum
3 cl Grand Marnier
wenig Zitronensaft
5 cl starker, kalter Kaffee
Eiswürfel zersplittern und alle Zutaten
in den Shaker füllen, kurz schütteln
und in einem hohen Glas servieren.
Wers mag, setzt noch ein Rahm-
häubchen darauf.

Pharisäer

5 cl brauner Rum
2–3 KL Zucker
1,2 dl heißer Kaffee
3 cl Schlagrahm
Rum in einem Pfännchen wärmen und
mit Zucker in ein vorgewärmtes Glas
geben. Umrühren, mit Kaffee auffüllen
und mit Schlagrahm zudecken.

Café Kentucky

20 g Zucker
10 g Rahm flüssig
40 g Bourbon
50 g Kaffee, leicht abgekühlt
im Shaker schütteln, Kragen aus
halbgeschlagenem Rahm aufsetzen
mit kandierten Birnenschnitzen gar
ren, in die Mitte eine Cocktailkirs
setzen.

Coffee-Cola

2 Eiswürfel
1 dl kalter Kaffee
1 dl Coca-Cola
3 cl Orangensirup oder
3 cl Grand Marnier
Eiswürfel in ein hohes Glas geben.
Sirup oder Grand Marnier darüber-
leeren und mit Kaffee oder Cola
auffüllen.

Mazagran

1/8 l starker, eiskalter Kaffee
1 EL Maraschino
1 Likörglas Rum
1–2 Stück Würfelzucker
1 Eiswürfel
Eiswürfel in eine mittelg
Eiswürfel mit Zuc
geben. Kaffee mit Zuc
und über den Eiswür
den Maraschino, zu
Rum drübergießen

Café liègeois

1/8 l gut gekü
1 Likörglas M
2 EL Schlags
1 Kugel Van
etwas

Café liègeois

1/8 l gut gekühlter Mokka
1 Likörglas Mokkalikör
2 EL Schlagsahne, steifgeschlagen
1 Kugel Vanilleeis
etwas Kakaopulver
Eis in einen Kelchbecher geben, mit
Kaffee begießen. Aus Schlagsahne
drübersetzen, vorsichtig
drübergießen und mit

Irish Coffee

3 cl Whisky
2 TL brauner oder weißer Zucker
1,2 dl heißer Kaffee
4 cl Rahm, leicht geschlagen
In vorgewärmte Gläser Whisky und
Zucker einfüllen, umrühren, bis sich
der Zucker auflöst, und mit Kaffee
Löffelweise den kalten Rahm